丛书总主编　余慧娟

本册主编　程路

大夏书系·《人民教育》精品文丛

老师，你为什么不再进步了

华东师范大学出版社
全国百佳图书出版单位

人民教育

《人民教育》精品文丛编委会

编委会主任： 翟 博
编委会成员： 翟 博　雷振海　陈志伟　夏 越　周 飞　连保军

总 主 编： 余慧娟
副总主编： 赖配根
执行编委： 余慧娟　赖配根　李 帆　施久铭　朱 哲
分册主编： 程 路　董筱婷　冀晓萍　李 帆　钱丽欣　任国平
　　　　　　施久铭　邢 星　朱 哲

目 录
Contents

◎ 总序　办伟大的学校，做伟大的校长和教师　/ 翟　博 …………… 1
◎ 序　教师应当是自觉的学习者　/ 吴　非 ……………………………… 1

第一辑 >>>

慢慢来，先努力做个好教师吧

◎ 慢慢来，先努力做个好教师吧　/ 成尚荣 ……………………………… 3
◎ 新教师成长攻略　/ 赵群筠 ……………………………………………… 8
◎ 好老师的成长基因　/ 孙孔懿 ………………………………………… 14
◎ 专注的力量　/ 尤　炜 ………………………………………………… 18
◎ 教育家的成长及其影响因素　/ 周　川 ……………………………… 26
◎ 当代教师：如何走向教育家境界　/ 潘　涌 ………………………… 30
◎ 教师专业发展的新挑战、新特征、新角色　/ 郑金洲 ……………… 34
◎ 大数据时代，教师胜任力将重新定义　/ 乔锦忠 …………………… 41
◎ 教师应具备的七大素养　/ 郑金洲　吕洪波 ………………………… 47
◎ 高效教师的七个习惯　/（英）斯科特·巴克勒　保罗·卡斯尔 …… 54

第二辑 »

像孔子那样做教师

◎ 像孔子那样做教师——《论语》新解 / 李 亮 周 彦 ……… 61
◎ "好老师"孔子的学习哲学 / 何伟俊 ……… 70
◎ 教师为什么要有专业生活——民国白马湖教师群启示录 / 周 勇 ……… 76
◎ 我的小学老师 / 于永正 ……… 82
◎ 培养一代雄健的国民，要有三五代教师持续站立的姿态 / 吴 非 ……… 89

第三辑 »

老师，你为什么不再进步了

◎ "发现教师"就是占领学校发展的制高点 / 成尚荣 ……… 99
◎ 发现教师：揭开学校发展的密码 / 孙双金 ……… 104
◎ 老师，你为什么不再进步了——教师发展"高原期"突破的关键 / 宋立华 … 111
◎ 解决教师职业倦怠：来自企业的启示 / 朱 哲 ……… 115
◎ 寻找教师职业幸福的魔方 / 曹新美 ……… 123
◎ 教师倦怠，校长何为 / 陈钱林 ……… 130
◎ 寻求教育共识：学校应走向"集体行走时代" / 周 彬 ……… 134
◎ 为名师成长加足"燃料" / 龚春燕 ……… 140

第四辑 >>>

有光、有花、有童话的日子

◎ 学生家庭背景变得复杂，教师如何装下所有学生 / 吴 非 …………… 147
◎ 此生迷上语文课 / 黄厚江 ……………………………………………… 152
◎ 我的专业生活札记 / 张克中 …………………………………………… 157
◎ 有光、有花、有童话的日子 / 张学青 ………………………………… 161
◎ 教育人生的美感和质感 / 任小文 ……………………………………… 165
◎ 教育风景：流连与创造 / 蒋 维 ………………………………………… 170
◎ 行知路上，做一辈子的好老师 / 杨瑞清 ……………………………… 174
◎ 成为一名好老师，是我终生追求的大事 / 刘晓莉 …………………… 180
◎ 读懂，但不迁就 / 黄行福 ……………………………………………… 183
◎ 只要能快快乐乐做实验 / 王爱生 ……………………………………… 188
◎ 初心不改的教育路 / 丁光成 …………………………………………… 193
◎ 做一个心中有风景的人 / 张静慧 ……………………………………… 198
◎ 博物明理，格物启智 / 王 高 …………………………………………… 203

总 序
办伟大的学校，做伟大的校长和教师

翟 博

《人民教育》编辑部应华东师范大学出版社之邀，出版这套丛书，可喜可贺。

创刊于1950年的《人民教育》杂志，积聚了深厚的历史财富、广博的教育资源、深远的影响力和良好的公信力，被读者亲切地誉为"中国基础教育第一刊"。近几年来，《人民教育》杂志围绕中心，服务大局，坚持"方向性引领、专业化服务"宗旨，着力引领读者深入探讨中国基础教育改革发展的一系列重大课题，并在理论和实践层面作出回应，获得读者高度认可。其中，既有对教育现代化、立德树人、教育公平、教育质量观等重大理论问题的思考，也有校长领导力提升、学校办学的新经验，还有教师发展的新思路，更有最前沿的学习方式的引介，上接天线，下接地气。从《人民教育》近几年发表的文章中，精选、分类结集成册，既充分发挥了文献的长远价值，便于读者系统阅读，也能够更好地扩大传播面。在当前转瞬即逝的刷屏式海量、碎片阅读背景下，高水平的专业文章更能够帮助读者聚焦关注点，提高阅读的获得感，提升专业水平。

具体而言，《人民教育》精品文丛具有如下特点。

第一，丛书立足于新时代中国基础教育的历史使命，对重大教育课题和重点难点问题给出了丰富且可资借鉴的回答，是引领、推动中国基础教育发展的珍贵文献。

党的十八大以来，以习近平同志为核心的党中央高瞻远瞩，提出了一系列重要的教育思想和教育论断，为新时代基础教育发展指明了方向。党的十八大报告首次提出，把立德树人作为教育的根本任务。习近平总书记多次强调，要全面贯彻落实党的教育方针，培养德、智、体、美、劳全面发展的社会主义建设者和接班人；要处理好德与才的关系，解决好德与才相统一的问题；要让学生做到明大德、守公德、严私德；要把立德树人的成效作为检验学校一切工作的根本标准。深刻领会立德树人的丰富内涵，认真探索立德树人的实践路径，深入研究立德树人的理论，是新时代给基础教育提出的重大课题。

在这一背景下，基础教育需要切实承担起一系列重大使命。要把社会主义核心价值观教育融入教育全过程，放在更加突出的位置加以落实，引领学生树立正确的历史观、民族观、国家观、文化观。要植根于中华优秀传统文化的土壤，培育文化自信和中国精神，把中华优秀传统文化融入课堂教学和学校教育全过程，在创造性转化、创新性发展中传承中国人的文化基因。要大力发展素质教育，树立德、智、体、美、劳全面发展的质量观。要重新思考、践行好学校、好校长、好老师的标准。坚持育人为本，转变教育思想观念，认真落实习近平总书记提出的"四有"好老师的要求，进一步提升校长和教师的专业素质。从单纯以学科考试分数为主要评价指标转到全面发展的理念上来；从关注少数尖子生的发展转到关注每一个孩子的发展上来；从过于强调统一步调转到更多关注个性发展上来。

《人民教育》精品文丛，正是站在基础教育改革发展的最前沿，围绕以上重大课题、重要使命，组织国内顶尖专家、优秀校长教师，提供前沿思想理念和脚踏实地的解决方案。《新时代学校使命》一书，由社评和《人民教育》核心议题的前言构成，高度凝练了对当前教育问题的思考，包括教育自信、教育质量观、核心价值观教育、美育、教育活力，等等。《身体教育学》一书，力图借助"身体教育学"这个最新概念，以整体的观念来推动全面发展。《核心素养的中国实践》一书，期待带动整个基础教育质量观的变化，以适应未来对人才和教育的要求。《名校的那些"秘密"》一书，以活生生的案例来展示学校社会主义核心价值观教育、培养文化自信、落实立德树人根本任务的管理、课程、空间设计等诸多实践路径。《还可以怎样学习》一书，聚焦近年来学生发展素养目标的变化，以全球视野介绍更广阔、更多样、更有效的学习方式。《"好校长"是怎样炼成的》一书，专注于校长的价值领导力、课程领导力、教师领导力和沟通领导力等核心要素的实践解读。《老师，你为什么不再进步了》一书，关注教师的成长与高原期突破。《朝向心灵伟大的教师》一书，汇集教育界、文化界及商界名人的成长故事和教育故事，力图为校长教师打开新的窗口，从社会的角度来看教育。

第二，丛书集中展现了中国教育实践经验与智慧，引导读者建立和提升教育自信。

中国教育质量迅速提升的一个重要秘密，就是中小学的每一堂课，都在努力体现国家战略、国家意志，国家顶层设计与一线微观实践高度融通呼应。

对美好生活的渴望，对美好教育的热烈追求，是中国教育成功的重要动力。纵观中国基础教育改革开放40年来的历程，对美好教育的追求，成为教育发展、教育工作者改革创造的重要驱动力。这套丛书中提炼的好学校、好校长、好教师的改革经验，无不是在回应广大人民群众对美好教育的殷切期盼。

与时代潮流合拍，创造高品质的教育，是教育改革的重要经验。近年来，中小学涌现了一大批好校长、好教师，就在于他们敏锐地抓住了时代发展的脉搏，大力提升自己的政治素养，养成法治思维，涵养博大的精神世界，从宏观上保障了教育教学改革的正确方向。同时，近年来中国基础教育改革的一个关键突破点，是从主要关注教学方式层面的改进转向学校整体层面的变革，体现了与新时代精神的密切呼应。

从这套丛书中还可以看到如国家认同教育、核心价值观教育、优秀传统文化教育、学校文化、课程构建与优化、选课走班制度等方面的具体操作经验。这些都是我们的中小学扎根中国大地实实在在干出来的智慧结晶，是中国基础教育之所以卓越的重要因素，也是我们教育自信的来源，值得学校校长、教师认真研读、借鉴。

第三，丛书呼吁教育工作者乘着新时代的东风，办伟大的学校，做伟大的校长和教师。

伟大的学校，不是仅仅为升学服务的学校，而是要为学生未来创造美好生活的学校。美好生活，不仅意味着谋生就业能力，也意味着正确的价值观，丰富的精神世界，厚重的家国情怀，强烈的社会责任感，健康的自我调节能力，和谐的人际交往能力。伟大的学校，也不仅仅是学生成长的乐园，还应该是教师的人生幸福所在。教师的幸福与学生的发展密切相关。只有当教师从心底里认同教师职业，才能真正参与到学生的成长之中，也才能获得自身职业价值的实现，收获作为教师的幸福。伟大的学校，善于激发教师的职业热情，帮助教师获得成就感。这也是《名校的那些"秘密"》等书揭示的秘密所在。

伟大的校长，其领导力不仅体现在过硬的政治素质、坚持正确的办学方向上，还体现为优良的道德品质，更要有教育的定力，"习惯于择高处立，寻平处坐，向宽处行，务实，求稳，但内心却向往教育的理想，一切为了民族的未来"。伟大的校长，是善于成就教师的校长。李烈感言："当我哪一天不再做校长时，如果老师们在背后这样说：'李烈当校长的时候，我们是真的在快乐地工作着'，那就是对我最高的褒奖了。"伟大的校长还应是优秀的学习者，善于在繁忙的事务间隙，终身学习，反思完善。在工作中，伟大与平庸的区别往往在于能否不断注入生命的激情，能否不断发现心灵伟大的教师和存在无限发展潜能的孩子。

伟大的教师，首先是一个精神灿烂的人。教师是深度参与学生精神生活的引领者。无论是做"四有"好老师，还是做好"引路人"，教师自身的精神修养是前提，这包括坚定的理想信念、崇高的道德修养、对丰富个性的包容、对人的发展性的充分认识、传递正能量的意识和能力、沟通的艺术、自我情绪管理，等等。善于发现美是他们共同的特质。他们还是一群积极回应环境的人，能够敏锐地发现新问题，通过学习、思考、行动来调整自己，跟着时代一同进步。这些伟大教师的特质，读者可以从《老师，你为什么不再进步了》《朝向心灵伟大的教师》等书中充分感受。

中国社会正处在全面深化改革、实现中华民族伟大复兴中国梦的进程中，社会转型、技术变革等都给基础教育提出了严峻挑战，教育工作者如何看待新情况、解决新问题，考验着我们队伍的素质，更考验我们的学习能力。2013年，习近平总书记在中央党校建校80周年庆祝大会暨2013年春季学期开学典礼上的讲话中指出，"要依靠学习走向未来""只有加强学习，才能增强工作的科学性、预见性、主动性，才能使领导和决策体现时代性、把握规律性、富于创造性"。愿读者在这套丛书中，能够充分感知新时代对我们提出的使命和要求，了解我国基础教育改革发展的基本脉络，把握学校办学的正确方向和科学规律，发展和培育伟大学校、伟大校长、伟大教师成长的"基因"，立志办伟大的学校，做伟大的校长和教师，为伟大的时代贡献自己的价值。

2018年7月
（作者系中国教育报刊社党委书记、社长）

序
教师应当是自觉的学习者

吴 非

编者要我重看这些文章,告知书名为《老师,你为什么不再进步了》,我因之警醒,也因之有了一点新的感受。现在各地比以往任何时期都重视教师的继续教育和专业发展,很多学校在这方面有许多措施与创新,特别是一些研究课题,直接关注教师个人的精神追求。这本书里的教师都在积极探索,但书名却又耐人寻味。这让我再次面对这个问题:一些老师为什么会止步不前?

或许是职业倦怠,或许身处艰难环境,或许是理想的脑袋碰上了得意洋洋的钉子,或许更糟糕的是,他根本没有"热爱"的禀赋,选错了职业。

时下"教育家""名师"活动较多,宣传力度也很大,然而,社会最好的教育状态则在于大批教师是合格的,能胜任教育工作。学生在受教育阶段一直能遇见合格的教师,他所接受的教育才会有价值。

合格的教师最重要的职业特征,就在于他自身是善于学习的人。

1966 年,国际劳工组织和联合国教科文组织发布的《关于教师地位的建议》第三部分"指导原则"中,对教师专业化作了说明,提出"应把教育工作视为专门的职业,这种职业要求教师经过严格地、持续地学习,获得并保持专门的知识和特别的技术"。这句话定义准确。我的理解是,"严格地学习",指"获得"教师基本资格,即"入门"资格,而"持续地学习",则是为了"保持"教学的资格。教师专业底子不可能是静止的一桶水，而应当是奔腾的江河。一名教师不能继续学习，必然丧失"教"的资格。"获得"教师资格的专训教育也许只需要四年或六年，"持续"学习则是终身学习，"保持"只是"合格"的一般要求，真正上升为"发展"，远远不止教育行政部门强制实行的"继续教育每学期36学时"那么简单。

该建议在"教师的责任"部分，列为第一条的是："鉴于教师的职业地位在很大程度上取决于教师自己，所有教师应力图在本职工作中尽可能达到最高标准。"

为什么要力图达到"最高标准"？因为教育是为未来社会培育人。教师所有的努力，都要由未来社会评价。未来社会的文明水平如何，取决于当下的教育高度。有意思的是，这份建议是1966年发布的，其时中国教育正经历史无前例的苦痛，那个时代的"教育"给中国社会和文化留下了无数的伤痕，至今隐痛仍在。我们这一代教师应当有责任感，有担当，以最好的职业品质完成历史使命，不给未来的教育留下遗憾。

教师应当比一般人善于学习，因为他是"教"者，就必然"会学"。他持续不断地学习，有时甚至不一定是"追求"，而是职业本能，生命本能。如果认识不到自身应当"比一般人会学"，恐怕也就难以体会到思考和探究的乐趣，任何培训和进修都不过是例行公事，他的课堂有可能把个人的平庸发展为一群人的平庸。

相对于各种培训和进修，我觉得更应倡导教师的个人学习。我不认为教师只是"教育"的执行者，教师必须有属于个人的思考，必须经常和"问题"共处，教师的职业修养只有个人才能完成，当专业发展不为名利所诱惑，成为职业自觉时，才可能是有趣味的。

教师在有了一段教学经历后，他应当有"探索"和"自我更新"的能力。社会能提供必要的进修条件固然重要，但更重要的是个人能成为自觉的学习者，能通过个人的探索、总结与反思，把教训和经验变为职业能力提升的阶梯。一名没有功利心、勇于探索、不怕失败的学习者，是学生最好的老师。

过了很多年我才逐渐明白：做教师的，其实是通过课堂在教自己。我在教学生的同时，也在教自己领会常识的伟大，教自己主动"学"，教自己理解什么是教育，教自己怎样有智慧地面对渴望学习的人……

当学习成为生活方式，自我启蒙就是最好的人生状态，就有可能"保持"进而"发展"职业能力，有属于个人的发现和创造。所有的个人思考都是有价值的。有时，随着思考的深入，问题变得复杂，盘根错节，我们无法主导或干预；有时，思考又溯回原点，回到一般人不得不承认但不愿遵守的常识，问题似乎变得简单而千年无解。问题缠绕着职业思考，教学中始终有困扰的问题，如同身处巨浪激流中仍然固执地想寻找源头，但是，这样的困境发展了自由思想，在精神桎梏下无限拓展了个人的想象力。教师的学，不在于能不能得到，能得到多少，而在于有没有属于个人的思考。

必须把专业修养的提升当成个人的事。一些教师把职业进修当作行政要求，而没有意识到这是个人安身立命之本，因而他们的学习总是被动的。我在一些教师培训班上看到教师签到、刷卡，散会时点名，总感到难堪：教师的进修需要这样严管和监督，如果让学生知道，会有什么后果？

平庸的教师总能在任何时代都能找到懈怠的理由，如战乱灾荒，政治运动，商品经济大潮，教育产业化，社会价值观扭曲，工资待遇不高，教育腐败，等等，他们像是在等待，似乎想等到一个理想的环境再来发展自己，他们在埋怨中耗尽人生，同时也实现了"误人子弟"。

热爱教育的教师有精神寄托，同时"比一般人会学"，他们内心辽阔，他们的课堂充满激情，闪耀着智慧之光。无论在什么时代，都能看到那些真正的教师，否则一个民族不可能创造灿烂的文化。看到古代精美的雕塑和绘画，看到那些历经千年风雨仍然屹立的殿堂，我会想象那些匠人是怎样安静地劳作，为了自己的快乐追求，为了自己的职业名誉。他们也曾经历不为人理解的困窘，有过贫穷和饥饿，但这些没能磨灭他们对职业的热爱，专制的锁链，屈辱和压迫，扼杀不了自由思想和创造激情。因为热爱，他们富有想象力；因为肯学会学，也因为执着，他们能创造。这样的态度和情感促进了创造力和技术的进步。人只活一辈子，为什么不追求美好的职业状态？

现今教师面对的困难，再过一二百年，不足挂齿，但后人对我们今天的职业状态也许很不理解，他们会奇怪：当时那几代教师的职业追求怎么那么低？

我由此也想到，要警惕异化。现在教育界太喧嚣了，过多的"特色"有可能遮蔽常识，娱乐化的"赛课"、评比冲淡了教学职业责任，而过多的团队集中活动有可能冲淡个体知识分子的思考力。

一棵长在市中心的树，固然万众瞩目，但它失去了田野。所以，教师的进步要有安静的环境。

是为序。

2018 年 5 月 15 日　南京
（作者单位系南京师范大学附属中学）

第一辑 慢慢来,先努力做个好教师吧

慢慢来，先努力做个好教师吧

成尚荣

近来，总有三个概念在头脑里盘旋：好教师、名师、教育家。不言而喻，三个概念的层级性是分明的，找到三个概念在教师发展坐标体系中应有的位置也是不困难的。我认为，这三个概念其实是在教师面前树起了标杆，鼓励教师有更高的目标，引导教师不断追求、不断进步。对此，我并不纠结，而且十分赞同。盘旋的不是这些，而是这三个概念在当下的实际位置和状态。

把兴奋点转移到"做个好教师"上

事实越来越清楚地告诉我们，当下，很多人并没有搞清楚这三者的关系，位置也摆得不太准确。因而，教师发展的战略重心与策略有失偏颇，一个科学合理的教师发展格局至今并未真正形成。如果不加以调整，将会严重影响教师发展，影响教师队伍建设。这绝不是言过其实，更非危言耸听。我把这些现象作了一个初步概括。

名师成长、教育家培养过热。毋庸置疑，我们当然需要名师，需要教育家。习近平总书记说得非常明确，"一个有希望的民族不能没有英雄，一个有前途的国家不能没有先锋"，唯此，才能形成"天地英雄气，千秋尚凛然"的壮丽气象。当今，名师不是多了，而是远远不够；教育家不是多了，而是太少。加大名师、教育家培养的力度理所当然，无可非议。但是，我们常常缺少一种"复杂性思维范式"的思考：名师、教育家是从哪里成长起来的？答案很明确：没有一大批好教师，名师、教育家的培养必定是无源之水、无本之木，会成为空中楼阁。但正是这样的基本问题被我们忽略了，甚至被误解了，把关系搞颠倒了，总想以名师、教育家来引领、带动教师发展，而有意或无意中把好教师的培养搁置起来。如今名师、教育家成了炙手可热的词，温度过热。过热的另一端肯定是热度不足，抑或可能过冷。君不见，名师工作室、教育家培养工程风生水起，冠之以名师、教育家名义的展示会、研讨会、高峰论坛处处可见，有时几乎是目不暇接；而相比之下好教师的培养从区域层面来看，声息很小、很弱，大都还止于规划，"躺"在文本中。对于这种过热、过冷的现象，我们必须警惕。

值得关注的是2014年教师节习总书记的讲话。他对教师的希望用四个句子来表述，每个句子的开头都是"做好老师"："做好老师，要有理想信念"，"做好老师，要有道德情操"，"做好老师，要有扎实学识"，"做好老师，要有仁爱之心"。2015年教师节习总书记给"国培计划"（2014）北京师范大学贵州研修班参训教师的回信中，勉励教师"努力做教育改革的奋进者、教育扶贫的先行者、学生成长的引导者"。中央总是把目光紧紧地投向"大教师"，聚焦在做"好教师"上，这绝不是对名师成长、教育家培养的否定，而是引导我们要更关注和深入思考另外一个问题：做好教师更重要，名师、教育家还是要从做个好教师开始。试想当所有教师都成了好教师时，还怕没有名师的成长，没有教育家的诞生？相反，当大家把兴奋点都置于名师、教育家时，广大教师很有可能处在边缘地带，此时，还有什么名师、教育家可言？两种价值取向都是正确的，但战略重点是不同的。当前教师队伍建设的重点是否应当调适呢？是否应把兴奋点转移到"做个好教师"上呢？是否应让"做个好教师"热起来呢？我们深以为，这是完全应该做的，而且事不宜迟。

让成长、发展有节奏感，体现慢效性

我们对名师、教育家的成长要求过急，而名师、教育家的培养对象本身也显得过急。以下的话语我们并不少见：一年入轨、三年合格、五年成骨干；三年或五年要有自己的教学主张，形成教学风格，要出版属于自己的专著，而且形成自己的操作体系。这样的要求往往有"协议"之类的承诺，给培养对象带来的压力可想而知。正因为此，不少培养对象慢慢形成一种意识：快快成长，快快出成果，快快成名成家。在这种要求和意识的背后是"一举成名"的念头与心态。其实，这是违背教师发展规律的，往往带有一种功利化、浮躁化、世俗化的色彩。从心理学的角度看，这是一种"目的颤抖"——目的性过强，反而导致害怕乃至失败；而且，这种念头和心态很有可能造成被培养教师的自恋——迷失自我，丢失自我。"过急"问题不防止、不解决，其结果不仅不会理想，甚至可能适得其反。

让名师、教育家的成长赶快回到发展的规律上来，让成长、发展有节奏感，体现慢效性，作好长期努力的准备，警惕名师成长、教育家培养中的"暴富"现象。我们应当让名师成长、教育家的养成具有中华美学精神。首先，中华美学精神中十分可贵的元素是虚静和坐忘。虚静是我国传统美学体系中的一个重要学说，是一种心境的自由，是一种品格，是一种创作的态度和生活的态度；坐忘是一种精神，也是一种境界和心态，精心、投入、忘我。虚静与坐忘结合在一起，才能进入真正的创作境界，进入创造、创新的状态。虚静与坐忘的实质是克服、抛却追求名利的私念，超越物欲与现实。这是名师、教育家必备的品格和追求的心境。

其次，中华美学精神要求避免并克服"轻心"与"贱心"，要有一种"追体验"的功夫，开发想象，放弃成心；要避免"贱心"，要激发和唤起生命的自主性，追求崇高，提升品位。阅读如此，教师发展亦应如此。止于效率和表面，追求所谓成果和目的，以为可以走捷径，那是"轻心"；放弃自我，追逐物欲，放弃崇高感，被利益绑架，那是"贱心"。"独上高楼，望尽天涯路""衣带渐宽终不悔""众里寻他千百度"才是成功的密码和境界。

最后，中华美学精神倡导文化积淀，在丰厚的文化土壤里自然生成，追求的不是快速，而是慢速，甚至是"龟速"。慢，才会严谨，才会小心，才会潜心探究、深度体验；慢，恰恰是成长的节律，大概朱光潜的"慢慢走,欣赏啊"正是一种自然生长状态的描述;也许昆曲《班昭》里的四句唱词"最难耐的是寂寞,最难抛的是荣华,从来学问欺富贵,好文章在孤灯下",正是对快速生长的拨乱反正。如果用《大学》开篇的话来质疑引领名师、教育家成长,可能是直抵问题核心的:"知止而后有定,定而后能静,静而后能安,安而后能虑,虑而后能得。"

名师、教育家诞生在具有节日仪式感的课堂里

在培养名师、教育家的过程中,我们还存在过于"工程化"的现象。过于"工程化",是指把培养期待过多地系在"工程"上,以至于依赖"工程"。当下名师、教育家工程是相当流行的,这里寄托着行政部门、教科研部门的急切期盼,企图通过"工程"让名师、教育家的培养能落地,能真正落实。这也反映了中国特色的培养理念——打造。

我以为,对"工程"打造不能过于批评,更不能否定,因为"工程"打造更多的是一种制度安排、条件提供、平台搭建、任务驱动等,以有目的、有计划地推动名师、教育家成长,这是有必要的。对行政部门和教科研部门的这一举措我们应该理解,应该感谢。但现在的问题是,"工程"打造只是一种外部动力,非内部动力,而内部动力才是发展的根本动力;同时,"工程"打造只是一种载体和方式,还应寻找、创造其他途径,搭建新的平台。由于这些问题还没有真正解决,"工程"很可能演变为"工程化",而"工程化"很有可能演化为工具化、工业制造化。若此,极有可能淡化了价值理性,强化了工具理性;淡化了文化底蕴,强化了操作手段;淡化了自由境界,强化了刻意、功利色彩。其结果是目标非但不能真正达成,且违背了人才成长规律。

纵览历史,放眼世界,好像还未发现有此类的培养工程,但名师、大师、教育家仍不断涌现。究其原因,我们仍是固守着工业时代的思维。对此,我们暂且不再讨论,需要讨论的是,如何让培养对象既在"工程"内,又在"工程"外。所谓在"工程"内,就是让他们借助"工程"这一平台,促使自己有更丰厚的文化修养、高尚的审美意趣以及自由创造的心灵,转

变在"工程"里的角色定位，从受训者到创造者，从燃烧物而成为点燃者，让自己心底里燃起梦想之光，而不要过多地受培养目标、要求以及发展途径的限制，采取自己喜欢、适合的方式，自然、自由地成长。

其中还有一个亟待注意的问题是，让培养对象不要离开学校，尤其不能离开课堂，永远在教育现场。我不禁想起北师大的童庆炳教授。童先生是我国著名的文艺理论家，莫言等著名作家曾是他的学生。他说："我在40年的教学生涯中，始而怕上课，继而喜上课，终而觉得上课是人生的节日，天天上课，天天过节，哪里还有一种职业比这更幸福的呢？我一直有个愿望，我不是死在病榻上，而是有一天我讲着课，正谈笑风生，就在这时我倒在讲台旁，或学生的怀抱里。我不知道自己有没有这个福分。"这位全国名师，受到大家衷心的敬仰、爱戴，他不是诞生在"工程"里，而是诞生在具有节日仪式感的课堂里，发展在文化的认知、体验、创造之中。给名师、教育家培养对象的，也许不是一种"工程"，而是给他一个巨大的空间、一种浓郁的文化氛围、一种宽松自在的体制机制，让他们自己点燃自己。而课堂、教学实践、教学现场永远是可以点燃希望的田野。事实证明，对教师而言，离开课堂还有什么名师、教育家可言呢？

别林斯基曾这么谈论儿童文学作家："儿童文学作家是生就的，不是造就的。"生就，自然生长、生成也；造就，则是刻意打造也。名师、教育家该当"生就"吧！

（作者系江苏省教育科学研究所原所长）

（本文原载于《人民教育》2016年第7期）

新教师成长攻略

赵群筠

浙江省杭州市拱墅区每年新进教师近300人,8月初报到,8月底上岗。如何让这些大学毕业生在短短的20天内完成角色的转变,从容自信地走上讲台,成为我们在新教师培训过程中需要思考的问题,如:培训课程如何满足新教师的实际需求?怎样的培训内容和方式才能得到他们的认同?如何通过新教师培训为学校注入积极的力量?

2013年,我们尝试建构一种务实的培训课程,通过区域优秀教师的引领,让新教师习得教学的方法和技能,感受团队精神,培植他们教育的信念和勇气,使他们尽快融入拱墅教育这个大集体。

从新教师需求出发设置培训课程

对于刚刚毕业的大学生来说,他们对学校里的一切都充满着神秘的新鲜感:第一次面对学生、第一次备课、第一次走上讲台、第一次家访、第一次布置与批改作业……只有顺利完成这些"第一次",他们才算真正完成了从学生到教师的角色转变。

针对这些"第一次",我们精心设置了新教师暑期培训课程(见下表),包括"职业信念与教师精神""班主任工作艺术""教学基本技能"等几大板块,以求真正触动每一位学员,激发他们的学习欲望,增强培训效果。

新教师暑期培训课程表

类别	课程名称	课程内容
职业信念与教师精神	团队建设与职业激情激发	破冰及团队组建
	我们即将走过的这一年	新教师角色转变
	教师的职业修炼	新教师教育教学及成长叙事
	特殊的孩子特殊的爱	来自特殊学校的教育叙事
	谁说新教师不能快速成长	新教师的成长范例
	成为一个懂得感恩与欣赏的教师	龟背活动（培训活动末期）
班主任工作艺术	班主任新上任	主题班会、班级活动、班级管理、班级文化建设
	第一次面对家长	家校沟通的艺术
	面对"麻烦学生"	学生观、教育机智
教学基本技能	第一次备课	教学设计的理论与实践
	第一次走上讲台	课堂教学常规、课堂调控能力、因材施教等
	高效才是硬道理	教学有效性，包括时间管理等
	第一次布置和批改作业	学业评价的实践操作
	富有艺术感的课堂	克拉克的课堂艺术及其讲演录

为优化培训课程，我们对区内曾参加过新教师培训的教师进行了广泛而细致的调研，在此基础上，充分考虑新入职教师的实际需求。首先考量的除了提高教师走上工作岗位后的"职业技能"外，还要激起他们对职业生命的触摸与感动。为此，我们将"职业信念与教师精神"置于第一板块，希望他们从周边的教育故事中获取成长的动力，也从他人的叙述中找到职业的自觉。另外，我们也希望新教师通过听取经验和亲历锻炼的方式，对教育教学有深刻的认识，并引发他们以探究和实践的精神去面对真实的任务情境。

如果说这三大板块是显性的课程内容，是在导师、助教引领下的"任务型学习"，那么，由学员主导的团队建设活动、结业汇报及其策划、个性才艺展示、口才训练等，则是"隐性课程"，旨在让学员们在习得知识和技能的同时，建设一种良好的人际关系，彰显团队合作精神。

开学之后，针对新教师的特质，我们又开发出更多适合本区新教师的培训课程，在具体教育教学语境中，使之精细化、项目化。为此，我们按照"单元主题"的方式进行组织和安排，形成了"微型培训课程群"。简单地说，就是在某个单元主题的引领下，以多个学习任务的形式，通过小组研讨、集中研修将之内化吸收，并转化为教学的实践动力。

"微型培训课程群"的实施强调以下几个方面：（1）小组研讨和集中研修有机结合；（2）以任务为驱动，小组成员分工明确；（3）强调文献的学习，每次研讨，学员都按照话题顺序整理观点，因此，每次研讨都是一次极好的文献检索的训练；（4）学以致用，如在"观课·议课"研修活动中，学员们用自己设计的观察量表进行现场课堂评价，有理有据，令人信服。

这样的课程群，贴近新教师的实际需求，受到他们的广泛欢迎。比如，"开学第一天"征文活动，鼓励新教师记录职业生涯中珍贵的第一天；"观课·议课"系列研修，让新教师通过技术分析，对课堂有了更深刻的理解；"家校沟通"活动，用十大话题解决新教师的相关困惑。第二学期初，针对新教师教育教学过程中出现的问题，我们及时研讨"师生关系管理的挑战与对策"，进行"创意寒假作业（活动）"设计比赛。

无论是暑期的集中培训，还是开学后的"微型课程群"研修，我们都本着"尊重需求、自下而上、互动体验"的研修理念，通过小组研讨与集中研修相结合的方式，充分发挥学员的积极性和主动性，共同对课程进行建构和实践。我们始终相信，培训课程的生命力，决定了教师培训的效率和持续力。

在暑期集中培训过程中，除了授课讲师之外，我们还为每个新教师小组配了一位助教。助教的职责是：做新教师团队的"领头羊"，组织、参与他们的各种活动；批阅和回复新教师每天上交的培训感悟；在每天的课程学习前，主持"智慧分享"节目；协助新教师策划和排演诸如才艺展出、结业汇报等综合性活动。助教来自区学科教研员、各中小学与幼儿园的骨干教师以及上一年度的优秀新教师学员。他们有激情、有经验、有创意，不仅与学员们共同学习、共同研讨，也与学员们共同成长。

在情境中落实和内化任务

创设教育教学情境，使培训课程在情境任务中得以落实和内化，这是新教师研修的基本策略。

用事件导入。在进行研修活动时，课程内容往往通过某个事件来导入。比如，在"科学的时间管理"这一讲座开始前，授课教师只字不提培训内容，而是微笑着邀请一位学员上台来分享一个故事。原来，这位学员因午睡导致上课迟到。授课教师并未批评他，而是向大家提出了一个问题："如果你是一位教师，因为午睡耽误了下午的上课时间，你该怎么办，该如何预防？"以这种出乎意料的方式，直接向学员们推出了这节课的核心问题：你如何管理时间？这种真实情境下的问题导入，使原本沉闷的讲座瞬间活跃起来，学员们争相表达自己的想法，你一言，我一语，讨论越来越深入。

以素材为抓手。要突出课程的情境性，素材的组织显得特别重要。图片、视频、故事等素材，能极大地激发新教师聆听、思考和讨论的积极性。在"有声有色的课堂"讲座中，授课教师融合了美国最佳教师克拉克在《热血教师》以及在上海等地演讲、授课的精彩片段，并在讲座前后设置了颇具梯度的思考题，从而使思想的火花在这里碰撞。

以教育教学为指向。比如，在开学后一次"观课·议课"的集中研修活动中，学员们通过对观课、议课的理论和做法的充分讨论，通过对"课堂观察量表"的设计尝试，通过对"模拟课堂"进行的评课实践，树立起"教学研究必须基于实证"这一基本观念。在"家校沟通"活动中，我们则邀请部分家长、学生进行座谈和情景模拟，使新教师认识到，只有认真倾听家长的声音、孩子的声音，家校沟通才有意义和价值。

让新教师发出自己的声音

为了满足新教师的实际需求,让他们发出自己的声音,我们在实际的活动设计和开展中,凸显"以研修者为本"的理念。

自主性。暑期培训过程中,通过学员自主设计部分活动来激发他们发展的自主性,譬如班徽的确定、展板的设计、结业式的安排等。开学之后的培训,则在单元主题的框架下,分"小组研讨"和"集中研修"两个环节。小组研讨活动中,成员可以自主决定场地、形式、分工、主题,从而使研修活动更加具有创意,更加具有针对性和实效性。"集中研修"的课程安排,基本由小组研讨决定。

生活化。我们希望新教师培训能符合青年人的特质,能与他们的生活相结合。因此,在分组时,尽量打破学校、学科间的界限,尽可能地为年轻人的生活交往创造条件,也为他们打开视野提供可能。各小组在研修时,不仅可以在办公室、会议室,也可以选择咖啡厅、山坡、草坪等场所进行讨论和学习。在自然和愉悦的状态下进行研修,效果事半功倍。

鼓励言说。"10分钟口才培训"是每次暑期培训讲座之前的必修课,在助教的组织下,20位学员走上讲台,分别就某个话题阐述自己的观点。这既锻炼了学员们的言说能力,也为他们提供了一个表达观点、交流思想的平台。而这些,在日后的教学之中,又是必不可少的。

加强体验。新教师走上工作岗位一个学期之后,我们组织他们到本区唯一一所特殊学校进行教学体验。四年级的语文课上,授课的新教师因为叫错了一个自闭症孩子的名字,孩子便开始一遍又一遍地念叨每个同学的名字,使课程无法正常进行。面对这些状况,新教师耐心安抚、耐心讲解。正如一位学员所说:"因为年轻,所以缺乏应对策略;也因为年轻,我们饱含深情,愿意用爱来浇灌课堂。"经过这次触及他们灵魂的特殊的培训经历,新教师对教育的"爱"和"责任"铭刻于心,并引发出强烈的思想震撼,这将长久陪伴他们的职业生涯。

对新教师来说,团队认知是他们融入区域教育、走上职业岗位的保障,也是他们能够持续发展、健康发展的力量源泉。在新教师培训和研修过程中，我们始终把团队精神的培养作为重要的价值取向。如暑期集中培训的第一天，我们借鉴企业培训的团队游戏——"马兰花"来破冰，学员在听到指令后迅速抱团组队，很快消除了新教师之间的陌生感和紧张感。在此基础上，小组成员共同设计小组Logo、小组口号、组歌，体现了他们对共同价值的认同和追求。我们将开学之后的单元主题活动命名为"周五有光"活动，一方面是因为集中研修时间在周五的晚上，另一方面我们也希望能通过每次研修，让新教师真正发出属于自己的"光"。

（作者单位系浙江省杭州市拱墅区教育局）

（本文原载于《人民教育》2015年第12期）

好老师的成长基因

孙孔懿

一位值得孩子终生怀念的老师就是好老师

在讲述"什么样的老师是好老师"时，苏霍姆林斯基曾讲过这样一个故事：

一位刚从大学毕业的年轻英语教师来到一所农村学校任教，她心里有点忐忑不安："我们没学多少教学法，我可怎么工作呀？"可是没过多久，她的外语课就成了学生们最喜爱的科目。过去，学校里总有不少孩子讨厌外语，而现在，孩子们在课堂上被点燃的求知火花燃烧到了课外，孩子们不需要完成指令性作业，而是成群结队去找这位老师："您看看，我写的这篇英语短文有没有错误，我准备把它登在墙报上。""这本英文书我已读完，再给我一本好吗？"精力充沛的女教师总会满足孩子们的要求，还和他们一道组织英语晚会，排演英语戏剧，创办英文新闻报，准备"英国人民文化艺术晚会"，甚至还找来许多复制品办起了"英国艺术博物馆"！

两年后女教师因事离校，一位有18年教龄的知名教师接替她上课。不料没过几天，学生们的态度就发生了逆转，甚至看都不愿看一下外语课本……

每年收看中央电视台的《寻找最美乡村教师》节目，我都会被感动。那些在深山、密林、荒原、海岛坚守讲台的优秀教师，不计名利，风雨不动，引领一批批孩子走出蒙昧，摆脱封闭，走向崭新的天地。他们为什么能坚持下来？因为他们的心和孩子们一起跳动，他们的生命与孩子们联系在一起。

这两件事常让我思考，对于"好老师"，有没有一种既准确又简单的判断方法呢？应该是有的，那就是孩子们那一根根易感的心弦。苏霍姆林斯基在谈及办学理想时，并未提出"领先""一流"等宏大目标，他只想办一所值得孩子们留恋的学校。他以孩子们的情感归依为办学的最高取向，这其实也可以迁移到好老师身上：一位值得孩子终生怀念的老师就是好老师。

苏联教育家加里宁说过：教师应该感觉到他的一举一动都处在最严格的监督之下，世界上任何人也没有受到这样严格的监督，孩子们几十双眼睛盯着，须知天地间再也没什么东西能比孩子的眼睛更精细，更敏捷，对于人心理上各种细微变化更富于敏感的了，再没有任何人像孩子那样能捉摸一切最细微的事物。

事实上，孩子的敏感性远远超出了成人的想象。著名的罗森塔尔效应就是一例。孩子不仅能理解老师的言说，而且能领会其言外之意。为孩子们衷心接纳并留驻于记忆深处的老师，该是多么值得骄傲啊！当老师记着学生、学生也记着老师的时候，当孩子们忘掉了在学校所学的一切，心中仍然活跃着一位老师的音容笑貌的时候，便是老师最幸福的时候。最幸福的老师当然也就是最好的老师。世界上有什么荣誉，能比这种幸福体验更难得、更珍贵的呢？

好老师的成长依赖于对学生的了解

当我们将"好老师"与"受到学生爱戴和久远铭记"紧密结合起来时，"好老师的成长"便自然包含着以下要义。

它意味着教师与学生在情感上日益接近、贴近，且能经受住种种考验。南京师范大学附属小学的特级教师斯霞，曾被任命为南京市教育局副局长。组织上想给她一个惊喜，事先并未征求她的意见。谁知任命书下达后，她没有感到惊喜，只是感到意外。她谢绝了这一好意，甚至从未跨入已为她准备好的副局长办公室。斯霞坚持与孩子不离不弃，长相厮守。还有南京师范学院的老院长、著名幼儿教育专家陈鹤琴先生，在他病重弥留之际，老友高觉敷去看望他。他口不能言，遂以颤抖的手写下9个字："我爱孩子，孩子也爱我。"这是他一生的信念、追求和体验。

它也意味着能一天比一天更细致、更准确地了解每一个孩子。苏霍姆林斯基几乎一辈子都在致力于人的研究与教育。他越深入研究，便越发现人性的深邃与复杂。他多次感叹：人的精神世界是复杂的，有时甚至是很难理解的。除了难以穷尽的共性之外，人的个性更是无限的。他说："对学生身上的人性的认识是无穷无尽的，所以不能说，认识就此告终，你身上再没有什么东西是我所不知的了。"他感叹道：要做到了解学生这一点，一辈子也不够啊！

它还意味着教师能准确地找到对每个孩子心灵深处施加教育影响的小径，特别是能找到开启那些"难教儿童"心扉的钥匙，成功地将这些儿童引上健康发展的轨道。

在艺术界，许多艺术家都曾因心有余而力不足、无力表达自己想要表达的境界而感到痛苦。艺术哲学家阿恩海姆由此得出结论："一个人真正成为艺术家的那个时刻，也就是他能够为他亲身体验到的无形体的结构找到形状的时候。"以此观照，一位真正的好老师，要能为自己的教育教学思想找到通向学生的最佳渠道，能为自己的教育教学理念找到最具效能和美感的实践形式，能提出许多切实可行的新观点、新方法、新举措，体现自己独具一格的艺术匠心。

要学会选择适合自己的成长路径

好老师成长的道路千差万别，不胜枚举。若论其"基因"或曰"基本因素"，可以归纳为天性与自觉性两个方面。

许多好老师都曾表示自己从小就爱孩子，爱当教师。著名特级教师魏书生，1971—1978年在盘锦电机厂工作的六年多时间里，先后150多次提出当教师的申请。这一点很难以其他因素解释，多出于他的天性、他与教育的缘分。

与此相反，一些老师的悲剧也就在于他的天性不适合做教师。有位好不容易等到退休的女教师在告别时满怀伤感：我不喜爱学校工作，它没有给我任何乐趣。我每天都盼望着课快些结束，喧哗声快些消失，可以一人独处……这位女教师的悲剧不在于"师德"的缺失，而在于她以喜爱独处的性格从事了需要合群的教师工作。有鉴于此，苏霍姆林斯基对新教师提出建议：如果你的本性孤僻、不爱交际、沉默寡言，更多地愿意独处或与少数朋友交往；如果儿童的每一次淘气都引起你的苦恼和心悸；如果你热情不足，理智有余，对发生的一切都进行非常仔细的斟酌，那么建议你不要选择教师职业。

天性的作用固然不可忽视，但它并非成为好老师的唯一因素。事实上，有些本来不太适合做教师的人，在从事教育工作一段时间后可能会渐渐爱上孩子们，爱上教育事业。这些兴趣、爱好和情感的变化，就是他的发展、他的成长。这里，成为一名好老师的决定因素是他的自觉性和主观努力。

现代教育家朱自清的某些天赋条件本来不怎么适合做教师，他的学生、著名作家魏金枝回忆：朱先生讲课，"总是结结巴巴地讲。然而由于他的略微口吃，那些预备了的话，便不免在喉咙里挤住。于是他就更加着急，每每弄得满头大汗"。"一到学生发问，他就不免慌张起来，一面红脸，一面急巴巴地作答……倒弄得同学们再也不敢发问"。朱自清似乎自己也觉得不适合做教师，打算辞职，学生却因为他的严肃认真而挽留了他。"他的为人的态度，为学的精神，为学的功夫，教书的精神，都是认真而严肃的。他的热忱，仿佛深藏不露。朱先生思想很新，与同学们谈论，总是平易而虚心的。他常与同学们一起讨论哲学上的问题，讨论人生的意义，提倡用白话写作，策励青年进步，很快就得到学生的信仰。"

后来，朱自清到台州师范等学校任教时，与学生的关系更亲密了。学生们称他为"爱师"，争着要他上课，朱自清也决心"把自己的生命全献给教育青年的工作"。此后在清华大学国文系任教的 20 余年中，朱自清每次上课前仍然坚持作极认真的准备。他以严肃认真的态度赢得了一届届学子的衷心爱戴。特别是他宁可饿死也不领美国救济粮的骨气，更是一代知识分子和广大青年学生的人格楷模。

（作者单位系江苏教育科学研究院）

（本文原载于《人民教育》2015 年第 17 期）

专注的力量

尤 炜

1991年的美国独立日，沃伦·巴菲特和比尔·盖茨第一次会面。此前，年长盖茨25岁的巴菲特从不喜欢IT人士，而盖茨也对"那个只会拿钱选股票投资的人"毫无兴趣。但是，当盖茨的父亲在晚宴上提出"人一生中最重要的是什么"这一问题时，两位原本宣称彼此"不在一个世界"的成功者却给出了相同的答案——专注。他们也从此一见如故，开启了一段最具"含金量"的友谊。

不过，在一个成功秘诀、心灵鸡汤和人生金句泛滥成灾的时代，专注是不是已经沦为老套的说教？面对日常工作的平淡、重复、沉重、束缚以及时时袭来的倦怠感，倡导教师们专注，是不是又显得过于前卫甚至奢侈？

问题的关键在于，我们需要真正理解什么是"专注"。或者说，对于一名普通教师而言，"专注"意味着什么。

即使怒不可遏也要心平气和

许多年之后，在写回忆录时，雷夫·艾斯奎斯老师仍会记起那堂点燃了他的头发的化学课。

一天，当一个平凡的小女孩的酒精灯无法点燃，而其他同学已经兴奋地开始实验时，雷夫老师决心要让她顺利实验，于是他要求全班停下来等这个眼噙泪水的女孩。雷夫反复检视，发现问题在于女孩的酒精灯芯太短。

但是当雷夫终于帮女孩点燃酒精灯时，他迎来的并不是感谢与欢笑，而是全班同学惊慌的尖叫声——由于只关注学生和酒精灯，雷夫的头发被点着了。紧接着，一些学生实现了他们的夙愿——借灭火之机，把老师的脑袋拍打了一顿。

类似的故事，很多教师也都听到过，经历过。甚至可以说，这位曾荣获美国"总统国家艺术奖""全美最佳教师奖"的美国教师所做的事，对许多教师来说真的并不新鲜：

每年都带孩子远足，他总是走到马路中央拦下车辆之后才让孩子通过；他做梦都在为孩子挑选莎士比亚戏剧的伴奏音乐，常常半夜醒来；他坚持每周玩"Buzz"游戏帮学生理解数学，想尽办法帮学生借来好书，每天在学校工作十多个小时，连休息时间都奉献给了教育……

可是，为什么雷夫老师深刻地塑造了学生的灵魂，而很多教师的辛勤工作却最多不过是收获了感谢？为什么一名小学教师能那样深远地改变学生的人生，而一名高中教师常常不过是帮学生考上了大学？为什么我们几乎能做雷夫做的所有的事，却仍然会被他的著作与演讲震撼和感动？仅仅归因于中美教育制度、社会文化的差异，无疑是缺乏说服力的。我想，最重要的在于雷夫老师比我们更专注，或者说更好地领悟了"专注"的真谛。

专注当然意味着认真、勤劳和坚持，意味着对教育工作的投入和对教育事业的执着。但是，专注并不仅仅是这样。专注意味着一名教师只要进入教育场域，就必须时刻处于"教育者"的状态。认真、勤劳、坚持、投入、执着都令人感动，而专注则引人警觉，它不断地提醒我们：别忘了，你是老师！

专注，看起来只是一种态度，实际上包含着敏锐的反思、高度的自律和深刻的平等。对学生来说，教育的影响无处不在，教师必须保持专注，在每一个教育细节中尽可能把正向效应发挥到极致，随时准备消除负面的因素。因此，反思与自律必不可少。而只有教师真正认识到自己与学生的人格平等，才会专注于学生的生动复杂、潜能无穷和单纯脆弱，也只有如此，反思和自律才会有源源不竭的动力。

每天都准时到达教室，当然很好；如果能像雷夫老师那样"每天以最大的热忱和激情出现在孩子们面前",肯定更好。因为孩子们会感受到教师来这里是要与他们分享美好的时光,而非仅仅是督促他们好好学习。

对学生奖惩分明、斥恶扬善,当然很好;如果能像叶圣陶老师那样"即使感情冲动到怒不可遏的程度,也就立刻转到心平气和",也许更好。因为如果教师都不能做到克制和优雅,如何能指望学生做到。

所教内容了如指掌,上课成竹在胸,当然很好;如果能像彼得·贝德勒老师一样"不管头天晚上怎样挑灯夜战,熬夜备课,总觉得上课没把握",也许更好。因为这样才能守护对人类文化的谦卑,更能保持对学生智慧与潜能的敬畏。

带着学生远足旅行、社会实践,当然很好;如果能像苏霍姆林斯基老师那样"跟孩子们在南方的灿烂的星光下过夜,煮粥吃,讲述神话故事和一些书的内容",也许更好。因为在星光下,师生之间完成的不仅是课程,更是情感与情感的凝望,思想与思想的握手,生命与生命的触碰。

回到那节"危险"的化学课吧。它彻底改变了疲倦沮丧、几乎就要放弃教师工作的雷夫。他对自己说:"如果我这么在乎教学,在乎到连自己的头发着火都没发现的话,那我就走对方向了。"头发被点燃,并非因为雷夫不够熟练,而是因为当时的他专注于如何将一个技术问题转化为教育资源,专注于如何让这个女孩回家时脸上可以挂着微笑。如果当时的雷夫老师只是迅速地点燃酒精灯并继续完成化学知识的教学,那么直到今天,"第56号教室"也许仍只是一个平凡的编号而已。

走出"复印机状态"

"这明明是我的班,可为什么他们总能发现我看不到的东西?"在一次"德育名师现场课堂"活动中,一名30岁出头的班主任疑惑地发问。

可能的答案有很多,从性格、经验到教育理念,甚至还会提升到师德层面。但我的回答是:名师比一般教师更有"专注力"。

1978年,哈佛大学教授埃伦·兰格与另外两位心理学家本齐翁·查诺威、亚瑟·布兰克一起进行了一项关于"专注力"的实验。实验地点选择在纽约大学研究生中心。实验者用三句不同的话向排队使用复印机的人要求插队——"劳驾,我可以用一下复印机吗?""劳驾,我可以用一下复印机吗?因为我要复印东西。""劳驾,我可以用一下复印机吗?因为我赶时间。"

如果人们真的专注倾听,第一句话和第二句话产生的效果应该是一样的,"因为我要复印东西"其实是一句废话。可事实是第二句话的插队效果要远好于第一句。同样,第三句话本来是最有说服力的,但是它的效果与第二句话却几乎相同。兰格教授由此发现,使用复印机的人其实并没有仔细关注请求插队的人说了什么,只是因为后两句话都包含请求与理由,他们就心不在焉地根据"句式"作出了相似的反应。换句话说,人们并非没有听见他人的请求,而是不愿,或不会积极调动思维来关注对方的话语。这也被人称为"复印机状态"。

经过大量的研究,兰格教授指出:"我们说一个人不够专注或是缺乏专注力,意思是他过于死板地依赖传统意义上的范畴以及它们之间的区别。""这些我们创造的范畴植根于脑海,难以磨灭。我们去了解自己面对的现实以及大家共同面对的现实,然后我们成了这些所谓现实的牺牲品——事实上它们只是观念、想法而已。"因此,想具备良好的专注力,必须不断建立新的范畴。

对教师来说,有关学生的"刻板印象"是专注力的大敌。虽然对学生的分类和界定不可避免(事实上它们也是人类认识事物的基本方式),但优秀的教师会不断回到了解、理解学生的起点,用客观而富于温情的目光观察他们,并积极调动自己的思维,持续修正、突破已有的印象与判断。在专注力的持续推动下,这些教师会不断调整、改进自己的教育策略与教育行为。很多人会感叹于优秀教师对学生的了解之深,或感动于学生与教师心灵相依之紧。其实最应该点赞的,是这些教师对学生的专注。

28岁就获得"全美最佳教师"称号的罗恩·克拉克曾经有过两个令人头疼的学生。

罗恩·克拉克利用周末时间去看学生达坎的比赛,和这个总是打架、挨罚的学生一起吃午饭,一起乘公共汽车,逮住机会就对他微笑,每当他做对时就表扬他。然而达坎仍然在一周内受了四次处罚。当沮丧的罗恩·克拉克老师把处罚单递给达坎时，他并不知道，就在这一周的某一天放学后，达坎哭着对妈妈说："克拉克先生对我很失望。"原来，这个看起来总是无所谓，总是带着一层"坚硬外壳"的学生，心底仍然渴望着关爱和赞许。

在贾伊八年级时，罗恩·克拉克带着全班同学去日本，在广岛和平公园合影时，无论老师怎么说，贾伊一直面无笑容，最终被排除出合影的队列。他甚至和辛辛苦苦带他们出国游学的老师发生了激烈的争吵。尽管罗恩·克拉克不断提醒自己应该冷静、理性，他还是为自己钟爱的学生不尊重自己感到伤心。多年以后，贾伊在信中告诉老师，当时刚刚参观完纪念馆的他还沉浸在对原子弹受害者的同情与悲悼中，根本没有办法笑出来。所有的冲突，只是源于老师把学生的感动、悲伤当成了某种冒犯，进而引发了严重的失望与不满。

多么熟悉的故事！面对一个"油盐不进"的学生和一个"忘恩负义"的学生，连罗恩·克拉克这样的教师都几乎要掉进"刻板印象"的陷阱中，可见保持专注是多么困难，也可见保持专注是多么重要。达坎和贾伊是幸运的，罗恩·克拉克老师一如既往地鼓励他们，支持他们。在有的教师那里，他们也许就将被贴上一个或几个标签，然后被彻底放弃或打入另册。

那么，教师该怎样保持对学生的专注呢？蒙台梭利博士的建议很重要："教师必须去掉自己内心的傲慢和发怒等坏脾性，使自己沉静、谦虚和慈爱。他们应该尊重儿童，理解儿童，与儿童建立一种新的关系，引导儿童自己去进行活动。"

贾伊说得对："我知道我表现出来的行为可能恰恰与我的想法相反，但这只是因为孩子们的行为方式不同于成人。"因此，一个专注的教师应该多观察、多了解、多体谅、多等待、多思考。至于决定、判断和行动，一定要慢一点、少一点、精准一点，并且始终保持反思与自律。因为专注的教师需要穿越，需要找到（或者说找回）孩子的逻辑、孩子的方式。就像苏霍姆林斯基说的那样："只有那些始终不忘记自己也曾经是个孩子的人，才能成为真正的教师。"

因专注，得自由，以创造

在关于教育的种种抱怨中，漫天遍野的"规定""程序"所带来的束缚、被动以及重复性工作引发的倦怠占了很大的比重。面对这样的现实，谈"专注"有多大的现实意义？

我的看法是：如果你真的做到了"专注"，如果你做到了真正意义上的"专注"，你将获得自由，你将永不枯竭，你将走向创造。

上海建平中学的阴卫东老师很有名，他的名气不仅因为他是信息技术方面的"金牌教师"，更因为他不同于一般教师的风格。他不带家教、不申报课题、只发表过一篇论文，虽然他的学生在信息技术奥赛中获奖无数，他却坚决支持为已经严重功利化的比赛降温。以赛亚·伯林曾经区分过两种自由，即"做……"的积极自由与"免于（不被强制）做……"的消极自由。可以说，阴老师的"不在乎"为他赢得了消极自由，而阴老师的"在乎"则为他带来了更有价值的积极自由。他专注于自己的学科，专注于学生在这门课上的收获、快乐和成长。一句话，阴老师专注于教育本身，而这为他带来了深刻而全面的自由。

也许有人会说，我们都是凡夫俗子，阴卫东的故事于我们不过是自我安慰，甚至是自欺欺人。但我要说，阴卫东并没有超凡脱俗，他的不同之处在于，他用教育的精神超越人生的束缚，用平静的心灵屏蔽现实的喧嚣，用真正的专注获得了真正的自由。而这些正是沉溺于吐槽的教师最需要的正能量。

毋庸讳言，教师的工作有着重复、单调的一面，容易让人感到无趣甚至枯竭。因此，甚至有人认为：越专注的教师，其职业倦怠可能来得越早、越严重。

我想，心理学家安塔·卡斯滕在 1928 年进行的实验能够回应这种貌似颇具逻辑性的观点。卡斯滕将受试者置于"半自由场景"，然后要求他们完成一些持续、单调甚至重复的任务。可以想象，倦怠很快出现了。但是，一位因不断写"ababab……"以至右手麻木的受试者，在被要求签署自己的姓名和住址时，轻松自如地完成了任务。而另一位因不断画线而声称连胳膊都抬不起来的受试者，却能随意地整理自己的头发。这说明，情境和活动的变化能够快速消除倦怠。在现实生活中，专注力很强的人，能充分利用哪怕是短暂的情境变化来重蓄能量。因此，卡斯滕得出这样的结论——"专注力本身不会引起疲劳"。

一些真正专注于教育的教师，即使长期从事同样的工作，也能自己创造变化，来不断地重新出发。著名古典文学专家、东南大学教授王步高先生，退休后来到清华大学讲授"大学语文"。尽管王老师的"大学语文"早在2004年就被评为国家精品课程，他却仍在不断寻求改变。每次备课的时候，他都把自己以前的讲稿或录像重看一遍，修正、添补，甚至推倒重来，以保证新讲的不低于原有的水平，保证自己不断超越自己。现在，并非核心课程的"大学语文"，已经成了理工科氛围非常浓厚的清华园中最受欢迎的课程之一。

王步高老师的经历让我想起朱永新先生的一句话："一个教师不在于他教了多少年书，而在于他用心教了多少年书。"真正用心的教师，不会陷入职业倦怠的泥潭，因为他们永远在路上，永远见着不同的风景，永远有着新鲜的希望。而那些"教了一年书，然后重复五年十年乃至一辈子"的教师，职业倦怠可以说是他们的宿命。也许，用心、专心，并不忘初心，正是有关"专注"的一种清新可人的注释。

最后，专注将把我们引入创造的大门，不仅因为它带来了自由和不竭的动力，还因为他能帮助我们形成良好的直觉。史蒂夫·乔布斯曾说："要想专注，就要勇于对其他1000个好主意说'不'。"良好的直觉让他敢于否定，勇于创新。纪实摄影大师乔尔·迈耶罗维茨曾比较在科罗拉多大峡谷中摄影的一般爱好者与杰出摄影师的区别——一般爱好者往往根据头脑中预设的图景寻找所谓"正确"的地点，而后者则凭借直觉寻找"有新意"的地点。乔布斯和摄影师们的直觉，无疑是创造的重要元素，而这种直觉并非完全来自天赋，在很多情况下，它是由长时间的专注积累、提纯而成的。

在教育工作中，总有一些教师不仅新意百出，而且准确恰当。即使面对新情况、新挑战，他们也能很快拿出既有教育意义又切实可行的方案。

可以说，这些教师有着良好的教育直觉。但问题在于，我们常常只停留于羡慕这种直觉，却忽视了一点：这直觉也许与经验、天分有关系，但更与他们平日里对教育的认真思考，对学生的仔细观察，对工作的力求精进密切相关。简而言之，专注带来直觉，而直觉引导创造。

1916年，43岁的梁启超编成《曾文正公嘉言钞》，他认为曾国藩虽然"非有超群绝伦之天才"，却取得了很多才华过人者没有取得的成就，是因为"其一生得力在立志自拔于流俗"。11年后，在给儿子梁思忠的信里，梁启超写道："我自己常常感觉我要拿自己做青年的人格模范，最少也要不愧做你们姊妹弟兄的模范。"

梁启超既是学界宗师，又是教育名家，他的话为有关"专注"的讨论填补了一个重要阙漏。无论是"立志自拔于流俗"，还是"做青年的人格模范"，都意味着一种极高的自我要求与自我期许。从某种意义上讲，具有这样人格特质的人，才可能是真正的"专注者"。因为对他人和外物的"专注"，无非是自我的一种延展，而只有"内自足"的人，才能真正做到平等、敏锐、善意……才能做到真正的"专注"。所以，无论我们讨论什么，是专注，还是专业，我们都必须牢记乌申斯基的教诲："教师的人格，就是教育工作中的一切。"

（作者单位系人民教育出版社）

（本文原载于《人民教育》2014年第17期）

教育家的成长及其影响因素

周 川

江苏实施"人民教育家培养工程",我有幸忝列"导师"团队。数年来,我按照培养计划要求,与培养对象近距离接触,一起研读经典、质疑问难,一起观摩课堂、考察学校,所获良多,实可谓随着培养对象一起成长。当然,由于培养工程直指"人民教育家"这一宏伟目标,身为"导师",也深感兹事体大,任重道远;数年来参与其事,耳闻目睹"教育家"一词,难免在兹念兹,望文思义。

教育家是在教育工作中取得突出成就、有较大影响的教育工作者,主要是指那些成就突出、影响较大的教师和校长这两类教育工作者。

教育家首先是一个行动者、实践者,而不是理论者。不仅如此,教育家还不是一个普通的行动者,而是一个有专长的行动者,一个在教育实践中取得突出实绩、作出显著贡献的行动者。作为教师,他必定诲人不倦,教书育人,桃李芬芳;作为校长,他必定治校有方,师严道尊,校风纯正。历史上那些著名的教育家,他们首先是一个成功的教育行动者。孔子以"仁人"之心,有教无类,因材施教,长善救失,培养了弟子三千、贤人七十二;陶行知秉持"生活即教育、社会即学校"的理念,实行"教学做合一",解放学生的头脑、双手、眼睛、嘴巴,还有学生的空间和时间;马卡连柯收留三千多流浪儿童和失足少年,把他们造就成品行端正的新人,其中不乏将军、工程师、医生、记者、技工,谱写了一首苏维埃的"教育诗";叶企孙一辈子坚持为物理系一年级学生讲授"普通物理学",从他的课堂里走出去的有杨振宁、王淦昌、邓稼先这样的大师级人物；蔡元培"仿世界大学之通例"，循"思想自由"原则，取"兼容并包"主义，将一个封建衙门式的旧北大改造成一个科学与民主的新北大。有突出的教育专长，有突出的教育实绩，是教育家最根本的特征。

教育家也是一个研究者，一个行动研究者，而不是一个单纯的教书匠。教育家之所以能够取得突出的教育实绩和成效的重要原因之一，就是在他的教育实践中，包含着对实践本身的有效研究：研究学生，研究教学内容和教学方法，并且通过这种研究，改进自己的教育实践。研究已经成为他教育实践过程的一个内在的构成要素。成功的教育实践，必然包含着有效的研究，这是由教育对象的独特性所决定的。苏霍姆林斯基说过，"没有也不可能有抽象的学生"，并且"每一个学生都是一个独一无二的世界"，因此，"可以把教学和教育的所有规律性都机械地运用到他身上的那种抽象的学生是不存在的。也不存在什么对所有学生都一律适用的在学习上取得成就的先决条件"。这个论断，可以看作教育的一条铁律。正是在这个意义上，"教师的劳动就是一种真正的创造性劳动，它是很接近于科学研究的"。苏霍姆林斯基在30多年的教育生涯中系统观察、记录、分析研究过100多个所谓学习"差生"，为这些学生建立思维档案，为每个学生设计最有针对性的教学内容和方法，其观察记录之细微，分析研究之深入，世所罕见，所以他在教育上的成就之大也就不难理解了。

教育家更是一种素质，一种品德，一种人格境界，而不仅仅是一个称号。教育家是教育工作者中的佼佼者，除了有突出的教育实绩、有独特的教育经验和理念外，他更要为人师表，以身作则，既为经师又为人师；他要使自己这个特定的人，成为教育目的的化身，使自己的个人素质、个性品德、思维方式、言行举止，成为教育的资源，成为学生的楷模和榜样。孔子一生克己复礼，表现出"智、仁、勇"，且爱生如子，学不厌、教不倦。他被奉为"至圣先师""万世师表"，是有充足的德行依据的，不能说全是出于统治者的需要。蔡元培私德"谦让和蔼、温良恭俭"，公义"特立不屈、勇往直前"（任鸿隽语）。他代表着两种人格：一是"中国传统圣贤之修养"，一是"自由平等博爱之理想"（傅斯年语），因而被誉为"大德垂后世,中国一完人"(蒋梦麟语),"学界泰斗,人世楷模"(毛泽东语),"中国近代最大的教育家"(冯友兰语),可谓实至名归。教育家的不同凡响之处,最难能可贵之处,就是这种品德的修养、人格的境界以及由此形成的美好声誉和口碑。

教育家的成长,是一个比较复杂、漫长、艰辛的内外兼修的过程。它首先是教育工作者个人修炼的过程。他必须从自身做起,努力提高自己的教育专长和品德修养:他要真正投身于教育实践,专注于教育实践,坚持教育实践,绝不离开教育实践一线;他要不断反求诸己,反思、研究、改进自己的教育实践,不断地从"知不足"到"自反",从"知困"到"自强";他还要在实践中不断学习,既学习专业知识,又学习教育理论,并广涉百科,丰富自己的知识储备,扩展智慧,增长才干;他更要苦其心志,修身养性,澡身浴德,砥节砺行。这样一个修炼的过程,是知识和经验不断积累的过程,是智慧和才能、精神和人格不断升华的过程,是一个教育工作者向教育家从量变到质变的内在发展过程。

教育家的成长也需要合适的土壤和环境。一是要有尊师重教的社会环境和氛围。大到一个国家,小到一个乡镇,只要真正重视教育,崇文兴教,"贵师重傅",就有可能出教育家,甚至是大教育家。相反,如果"读书无用论"盛行,"贱师轻傅",何谈出什么教育家?二是要按照教育规律办教育。有些时候看上去是在办教育,可实质上却丢失了教育,背离了教育。教育要使人向善,要增进人的智慧,要强健人的体魄,可有时候我们却在教"假大空"的东西,却在用蛮横无理的考卷肢解学生的头脑,用沉重的应试负担损坏学生的健康。学校是教育的场所,可有时候我们只是在"办学校"而没有"办教育",以至于学校沦为"考试加工厂",甚至沦为"学店"或"官衙"。三是要在体制上确立教育工作者的主人翁地位,给教师、校长真正的教育自主权,允许他们按照自己的教育信念和思想,创造性地从事教育工作。凡此种种,虽为外因,却至关重要。

从孔子、孟子、荀子,到胡瑗、朱熹、颜元,再到严复、蔡元培、陶行知,这些名垂青史的大教育家,不仅记录了中国教育曾经有过的辉煌,也为后人树立了教育家的崇高榜样。当下,与我国庞大的教育规模相比,我们的教育家确实太少了。实施教育家培养工程,在一定程度上就是这一窘况的某种反映,它反映出人们对"教育家"的一种渴望,一种迫切的心情。

但教育家的真正成长,最终还是要取决于广大教育工作者自身的努力修炼,取决于教育体制改革的实质性突破。

(作者系苏州大学教育科学研究院教授、院长)

(本文原载于《人民教育》2014年第14期)

当代教师：如何走向教育家境界

潘 涌

20世纪90年代，联合国教科文组织在《学会生存》中指出：教育者的任务是"发展一个人的个性并为他进入现实世界而开辟道路"。这个意蕴深远的观点，曾经在全球范围内产生了广泛影响，对今天的教师具有深刻的启示意义。从一个以传承知识为基本职能的教师走向创生未来的教育家境界，就必须确立一种基于"生本"理念的全新职业价值观，专注于为每一位学生独特的成长、可持续的发展和活力横溢的创造找到个性化的路径和开放的前景，并由此创生一种更高级的社会文明。

胸有顺应天性、参差错落的精神生态观

正如世界上没有两片完全相同的树叶那样，也没有两个精神结构和生理结构完全重合的人。独具慧眼地发现每个学生在求知和探索过程中表露出来的特殊"精神基因"，及时通过艺术手段予以最大化的彰显，这是培植人才的教育的逻辑起点。著名教育家陶行知有一首朴素的教育诗深蕴着这样的育人真谛："人人都说小孩小，谁知人小心不小，您若小看小孩子，便比小孩还要小！"每个孩子的心灵世界，就是一个对称于无限"大"之外宇宙的无限"小"之内宇宙，其中存在着有待彰显的"微量精神基因"。这些不易为常人所明察的"微量精神基因"，极其深远地规定着学生个体遥远的成长前景，预示着每个学生改变命运的可能途径。就人类文明发展的理

想而言，这些参差错落、丰富多彩的"精神基因"无疑是世界丰富灿烂、美好和谐的必要条件。

教师心中应当具备以个体性、未来性、可持续和可增值为基本价值维度的人才生态观，在此基础上制订教育教学方案与策略，唯当胸中无成见，尔后眼里有人才。个体性指每个学生区别于他人的独特性，表现在求知趣味、思维倾向、表达爱好等方面。未来性指每个学生尚未表现或尚未充分表现出来，但有预兆透露出来的成长可期性和必然性，属于"未来进行时"，象征着发展的特定指向。可持续指学生个人因进入顺应天性的成长道路而获得了动机、动力和方式等各要素和谐统一的发展无限性，包括发展空间的广阔性和发展时间的延续性，伴随这种动态持续性的是学生个体生命的不断升值。

教师胸中应有摇曳生姿、参差错落的精神生态观，方能开明而大度地走进课堂教学，仿佛置身群英荟萃的未来世界。

把握表达本位、思想至上的教学发展观

一个智慧生命的成才，既需要教师用慧眼去发现其未来独特的"生长点"和"创造域"，更需要通过一定的教学周期来持续优化，这样两者才能合成教育学意义上的深度智力开发。凡是堪称卓越的课堂教学，必然善于优化潜智潜能、别材别趣，擅长为学生的心灵深植创造性思维的"芯片"——好奇、质疑、想象、批判等卓越心理品质，促进主体生命的思想力和表达力日益增强，最终抵达作为主体精神审美对象化的理想境界。

教师教学观的核心在于前瞻未来人生和世界的不确定性，启发学生面向明天学会学习，学会化解不可预测的挑战和风险的诸种特殊品质，即批判性思维、开放性立论和逻辑性创新。

批判性思维是所有学科学习的共同本质要求，是学生走向开放性立论和逻辑性创新的必要起点。其要义在于变"接受本位"为"表达本位"：从学习主体本位立场出发，用心灵所过滤的观念和话语来表达自己，从而开启学生独特的理性思维旅程。

我们应该重新审视和评价教学过程中"接受"与"表达"的基本关系。认知、理解和鉴赏，均是表达的基础。教师的课堂教学不是培养陷于知识、思维套路的机械性接受力，而是引导学生充分展示独特的生命智慧、凸显情意元素的强大思想力和表达力。学习就是为了培养学生的深度批判力和缜密评论力。正如联合国教科文组织颁布的《儿童权利公约》所指出的："儿童有权在自己的发展过程中作为一名自主的行动者表达意见。"又对此阐释："儿童有发展其智能、道德和精神所需的自由。"（儿童泛指 18 岁以下的青少年）在这种砥砺并打造未来公民理性思辨力方面，教与学大有可为。

建立尊重个性、鼓励特色的多维评价观

面对学习者参差起伏、纵横交错的多元精神生态，教师需要放弃指令性应试教育范式中整齐划一的标准尺度，避免以园丁的名义"精心修剪"学生原生态的思维个性与表达个性，避免龚自珍所痛斥的"斫其正，养其旁条，删其密，夭其稚枝，锄其直，遏其生气"的"病梅"恶果。

应试教育以统一化的标准进行评价，忽视"个人发展"的合理性和必要性，而准军事化、平均化的"全面发展"衡量尺度，更远离独特的"生命意志"及其天然欲求。实际上，教育评价完全可以将社会基础的规范要求与个人发展的独特诉求有机融合起来，而不是简单分离甚至机械对立。否则，脱离了个人的生命意志，就难以有社会整体进步的可持续动力。

基于这种反思，教师在具体评价标准的拿捏上，要摒弃固步自封、泥古不化的固化尺度，建立鲜明、高标准、开放性的多维评价观。坚持科学理性和艺术精神并重，以真诚激励为主要导向，以精湛语言为基本抓手，贯穿教学的所有流程，捕捉其中可能的任何契机，深度唤醒每个学生发现自己特长、弘扬自己特色的自觉意识，坚定开发自我的选择性发展能力，并使之形成学习上自享、发展上自豪、评价上自励的良性循环。一旦如是，教师眼里个个是才俊、人人有前途，何来"不中绳墨""不中规矩"之类的杞人之忧？

概而言之，教师所为，不仅在于使每个学生趋近传统意义上专业领域

的"成才",更应该实现和谐完整内涵的"成人";不仅在于使之完成生物学层次上的"成人",更要达成凸显个人独特本质规定的"成己"。教师可以"少有所为",甚至"无所作为",但只要其价值重心放在激励学生从"成才—成人—成己"这一逻辑链条上不断突破并上升,就能化"无为"成"大为":发现你自己,成为你自己,造就你自己。唯其如此,教师才真正踏上一条通向 21 世纪教育家境界的必由坦途。

(作者单位系浙江师范大学)

(本文原载于《人民教育》2014 年第 22 期)

教师专业发展的新挑战、新特征、新角色

郑金洲

新挑战

经济社会发展到今天,教育的生存发展环境发生了重大变化。在不断深入的课程改革大潮中,每一位教师都面临着一场专业发展的新挑战。具体可总结为以下几点:

1. 文化反哺的常态化。

文化反哺是指下一代人将自己掌握的知识经验等传授给上一代人,是由年少者来教育年长者。伴随多媒体科技的日益发达以及社会文化环境的变化,文化反哺在家庭教育中也越来越常见。当父辈面带羞涩地向我们求教怎么打领带的时候,当母亲拿起越来越复杂的各种遥控器向我们求教怎么用的时候,我们深深体会到了这些反哺现象的存在。一位同事要晋升教授,需要通过计算机考试,他向上初中的儿子请教。他说向儿子学电脑的时候痛苦极了,从前教训儿子的那些话现在被儿子一一奉还:"没看我正忙着吗?你自己去想一想。""你怎么这么笨啊,这么简单的问题也不会。"当前的老师就面临着同样的挑战:在信息途径多元的环境中,学生掌握着大量的教师不了解的知识,你知道的可能学生已经知道了,你不知道的可能学生也早已经知道了。面对这种看上去教育者角色倒置的变化,教师必须承认并正确认识这一客观事实。

2. 学生价值的多元化。

有人说今天是一个信念缺失、道德滑坡、底线堕落、行为失范的时期,

这有些言过其实，但也从侧面指出了当下社会价值多元的基本特点。这样的特征也突出反映在学生身上。

我国过去的30多年走过了西方300年的发展历程，发展速度飞快，但许多问题也在期间积累下来了，社会学称之为"时空压缩理论"：时空高度压缩，大量的问题聚集，价值观念在一个时间点上呈现出历时、跨空间的各种形态。教师该如何用自己的一元价值来面对多元价值，如何在"一"与"多"中寻找平衡点？在学校里，教师是社会的代言人，是社会主流价值观念的引领者和代表者，要用主流价值去引导学生，用正向价值去激励学生。

还有一个问题值得关注，那就是学生文化的日益壮大。上世纪五六十年代出生的教师在做学生的时候，几乎不存在"学生文化"的说法，家长的意见就是子女的想法，教师的判断就是学生的看法，不存在学生这个特定群体所共有的价值观念和行为方式。但在今天，这种文化已经客观存在，并且影响重大。教师要做好教育教学工作，首先就要了解学生文化，在参透学生文化层的基础上影响学生，打动学生，推动学生发展。

3. 教师权力的分散化。

人对权力都有一种潜在的迷恋感，如同英国前首相丘吉尔所说，一个不迷恋权力的人是一个可能从来没有享受过权力滋味的人。在课堂上，教师与学生之间呈现一种隐性的权力分配。以往，教师在课堂上几乎可以支配一切，学生的一言一行、教学内容的选择、教学方法的运用、课堂教学的进程等，完全由教师掌控。但在今天这样一个多元、开放的社会形态中，教师需要从激发学生的主观能动性出发，从提高学生自主学习能力出发，从唤醒学生主体意识出发，把一部分权力让渡给学生。课堂上如何重构权力结构，实现师生发展的双赢？教师常常为此感到无所适从。这些问题摆在教师面前，需要教师正确对待、科学分析、切实把握。

4. 家庭结构的单一化。

家庭结构对学校教育有着明显影响。我国独生子女政策实施了30多年，中国家庭尤其是城市家庭呈现出较为明显的"四二一"型或者说宝塔型家庭结构，即6个成年人呵护、养育1个孩子。这样的家庭结构有可能导致的是对孩子的过度溺爱甚至是过度教育。家庭成员的压力传输到学校教师，就是对教师要求的日益提高，要求教师对自己的孩子更多地予以关注、关爱。从另外一个角度来说，随着中产阶级家庭所占比例的日益增加，也会导致家长对子女教育的高度重视。中产阶级家庭的一个突出特点就是重视子女教育，期望子女接受良好的教育，享受优质教育资源。他们对子女的教育有着比其他家庭更迫切的渴望，希望将自己的孩子送进好的学校。

新特征

在这样的时代背景下，与教育前辈们相比，今天的教师成长呈现出新的特征。

1. 未成熟期拉长。

以前，只要用心、投入，一位教师工作十来年就能成长为成熟教师，但今天很难确定一个教师成熟的时间节点。教育变革持续化，新问题、新情况、新矛盾层出不穷，教师需要不断适应新的挑战，需要不断调整自己的教学理念和行为。一劳永逸，以不变应万变已经成为历史。

从教师专业成长阶段来讲，一般经历角色认同、角色适应、角色成熟、角色高原期、角色骨干5个时期。现在看来，由于教育内外环境变化甚大，教师需要在适应这个阶段上下更大功夫，花费更多时间，需要不断自我更新。适应能力的强弱成为教师专业发展的重要特征，适应快则成长快，适应慢则成长慢。真正成熟成为一件比较困难的事情。

2. 职业倦怠感强。

今天，教师面临的压力日趋加大，工作的不确定性日益增加，各种各样的突发事件层出不穷，工作的成就感逐渐呈递减趋势。这一切都会无形中增加教师职业的倦怠感。倦怠期，教师难以对工作保持较高热情，投入程度也会下降，直接影响教学质量。这种情况持续时间过长的话，可能会引发教师心理健康等一系列问题。在西方一些国家，教师感到工作过度焦虑时会主动联系心理辅导者，通过心理咨询来缓解和调适自己的心理状态。这一做法在我国还不多见，教师常常需要自我克服心理不适，通过内在动力的自我激发来解决职业倦怠问题。

3. 个体发展差异大。

教师个体间的差异从未像今天这么大。纵向上看,教师代际间差异在拉大,20 世纪 60 年代、70 年代、80 年代甚至 90 年代出生的教师共处于一所学校的情况并不罕见。他们之间在世界观、人生观、价值观上有很多完全不同的看法。有人这样评价不同年代的教师,60 年代的教师是个性缺失,70、80 年代的教师是价值缺失。这样的评价不见得准确,但也有一定的道理,一定程度上反映出教师代际之间的差异。由此产生的一个问题是:一个自身缺乏个性的教师如何培育学生的个性,促进学生的个性发展?一个自身价值多样化的群体,如何引导学生形成相对统一的价值观,让学生具有强烈的社会责任感?

横向上看,教师相互之间的差异更大。教师走进学校的动机、需要、愿望等都有不同,对学科的理解、教材的驾驭能力、未来发展的期许以及学生观、教学观等都参差不齐。这对教师间的合作来说,既是利好,因为可以差异互补,同时也是障碍,因为难以对话交流。

4. 支持性因素匮乏。

一个教师的成长发展取决于三个因素:反思、挑战、支持。

首先,教师要善于对自己的教育教学行为进行系统反思,反思自己教育教学的利弊得失,剖析自身教育教学存在的问题以及明确后续的努力方向。

其次,需要在反思的基础上迎接后续教学的挑战,反思是手段,其目的在于改进教育教学实践,更好地促进学生身心的健康成长和教师自身的发展。

再次,教师在迎接挑战、重建自己教学的过程中,需要一系列的支持因素支撑,专家的引领、校长的认可、同伴的认同、学生的配合、家长的包容以及自己的教育价值观念等都是重要的支持因素。从今天来看,这些支持因素尤其是外部支持因素还不多,难以形成支持的合力,教师的变革行为受到不少阻碍。

5. 自我更新的要求迫切。

在教师群体中存在一个奇怪现象:教师尤其是中小学教师不太乐于改变自身,反而倾向于自我封闭。联合国教科文组织也曾对此情况进行专门分析,认为教师之所以倾向于保守,一方面是因为教师传递的是过去的知识，表现为用过去的知识教今天的学生，让他面对明天的未来。不断地传递过去的知识，价值观念也就变得与过去的时代相应，所谓文以载道。另一方面是因为教师使用的基本上是相对稳定的教材，第一次备课认认真真，第二次修修补补，第三次有可能直接拿着教案就进课堂了。教师的这种保守特性在以往甚为严重，但当下有了明显变化，教师逐步认识到在理念和行为上都需要有新的改变。这种强烈的愿望年轻教师有，年纪大的教师也有。老师们开始接纳变革，积极更新，但对未来还充满担忧和困惑，对变革更新带来的变化还不明确。

新角色

处于新的时期，教师专业发展角色的总要求是爱教、懂教、善教。无限的热爱才会激发无尽的动力，情感投入了，才能真正有一番作为。懂教，表现为对教育教学的基本规律有较为深入的把握。深入了解教育、精通教育不是一件易事。引导性、弥散性、渗透性、示范性等都是教育的基本特征，认识并在教育实践中灵活运用这些特征，是教育工作的基本要求。善教，表现为有独到的教育理念，有独特的教学模式，有影响广泛的教学作为。爱教、懂教、善教三者是作为一个整体存在着的，也可以把三者看作一个循序渐进的过程，"爱"才会"懂"，"懂"才会"善"，才会精。在这一总体要求的背景下，教师需要表现出如下几方面角色定位：

1. 创意设计者。

教师开发校本课程需要创意设计，备课就是创意设计的过程。有了创意的设计，课堂才有可能转变原有一言堂的状态，师生结伴成长才可能实现，课堂才能真正焕发生命活力，教学质量的提升才有可能得到保障。

我听过一堂课，教师讲的是《石钟山记》。她在教学准备阶段经过查询相关材料发现，《石钟山记》有点类似于研究型学习报告，作者父子经过一番实际的勘察探究才知道石钟山名字的由来。老师转念一想，何不把《石钟山记》作为一篇研究型学习的总结报告来解读呢？她对教学进行了如下设计：在学生朗读学习《石钟山记》课文的基础上，让同学们以小组为单位研讨5个问题,如果把《石钟山记》作为一篇研究型学习的总结报告来解读,研究型学习的主题是什么?研究型学习经历了哪些阶段?研究型学习中遇到哪些障碍?研究者是如何克服的?研究型学习的组织形式如何?研究型学习的成果有哪些,是如何表达的?通过这几个问题的探讨,既可以让学生掌握《石钟山记》作为一篇文言文的基本内容,也可以让学生了解研究型学习的基本要素有哪些,较好地实现了语文教学与研究型学习的统一。

在课堂教学中,好的创意设计是成功的一半,教师越来越需要在教学中发挥自己的聪明才智,体现自己的独有设计。

2. 信息整合者。

我们生活在一个信息化社会,信息就像空气一样弥散在我们的周围,教师需要不断提高自身的信息整合能力,否则就有可能被信息淹没,无法定韬略、辨方向。"整合"就要有立足点,就要有基本立场。这种立场就在于教师自身的教学理念,在于自己对教学的基本认识。我们经常讲要打通学生的生活世界和书本世界的联系,学生生活世界的信息就需要教师有意识地整合进教学的书本世界之中;文化反哺、学生文化、学生掌握的信息资源也需要整合进互哺的过程中;我们每天都接触各种媒体,网络的信息汹涌而至,整合也意味着教师要及时吸收并转化这些信息,让这些信息为自己的教育教学活动所用,为自己的认识与视野的拓展服务。

3. 文化相对论者。

从非意识形态的角度上说,文化没有好坏之分、高下之别,只有在特定的社会场景中才能更为真切地把握。在全球化到来的今天,在国际交流日益频繁、深入的情况下,在各种文化纷呈多样的情景中,教师需要把自己塑造成为文化相对论者。要包容、理解、认可不同于自己的文化,对于与自己不同的文化,应该采取这样的态度:我虽然无法接受,但我却可以理解;我虽然无法认可,但可以包容。对于学生文化尤为如此。

在今天,学生文化越来越浓厚,而且学生文化之间也存在着不同的表现形态。教师对学生文化不应排斥,而应更多地在教育教学中接纳、利用,把这些文化巧妙地融入自己的教学过程中。另外,有研究表明,学生现在越来越多地从大众媒介中获取信息,大众传媒甚至成了学生获取信息的主要来源。在这种情况下,教师也需要认识到大众传媒文化的重要意义和价值,充分挖掘大众传媒文化的教育潜力,运用大众传媒文化推进教学改革。

4.知识批判性分析者。

以往,教师常被定位为知识的传授者,"教师要给学生一碗水,首先自己要有一桶水",主要是把自己"术业有专攻""闻道在先"的知识传递给受教育者。我们也常用园丁、蜡烛、春蚕等来形容教师的角色特征,好像教师的劳动主要是给予、奉献、单向的付出。今天,我们要培养学生的创新精神,激发学生的创新活力,培养学生的创新思维,仅靠一味地给学生提供既定的结论,进行知识的大范围复制,是无法做到的。学生自身的成长、创新人才培养的需要、教育要求的变化等,都需要教师越来越多地成为知识的批判性分析者。在很大程度上,要和学生一道分析知识从何处来,甄别知识是什么,探讨知识向何处去,对知识进行多角度、多层面的评判。心理学的相关研究成果也表明,对知识进行批判性分析,是形成独立思维、提升创新能力的基本途径。在这里需要说明的是,"批判"不只是批评、评判,对知识进行的分析、探讨、评论等都属于批判的范畴。

5.终身学习者。

在农耕文明时期,一个教师只要学几年就可以教一辈子,私塾先生就是典型代表;在工业文明时期,一个教师只要学十几年就可以教一辈子,师范生毕业大概就可以了;而在今天,一个教师只有学一辈子才能教一辈子。一个优秀教师有着多个方面的特征,但有一个特征是必备的,那就是持续学习的能力,爱学习、善学习、会学习。人类的进步、知识的更新、职业的挑战、自身发展的需求、学生的深刻变化等,都需要教师终身学习,把学习当作一种生活方式、工作责任、精神需求。以前,我们定义学校时,总是把学校作为正在成长发展过程中的青少年去接受系统教育的地方。现在这个定义也需要作出相应改动,学校也是教师学习的地方,教师只有不断学习,才能胜任自己的工作,才能成为一个合格的教师。

(作者系中国浦东干部学院教务处主任、华东师范大学教育系教授)

(本文原载于《人民教育》2014年第7期)

大数据时代,教师胜任力将重新定义

乔锦忠

不管人们是否愿意,一个崭新的时代已经来临。

十年前,谁能想到"阿尔法狗"可以打败世界围棋冠军李世石?谁又能想到淘宝会对批发和零售业产生如此大的冲击?大数据时代已然来临,很多行业处在剧烈变动之中,比如出租车行业、电信业、银行业、出版业等,都隐约地处于一种惶恐与应变之中。

在这种背景下,我们怎能"奢求"教育会在这场变革中安之若素?

大数据和"工业4.0"将重塑教师的工作方式

教育作为镶嵌在社会系统中的子系统,其发展应与政治、经济、社会和文化相适应。教育与社会系统的适应主要体现在教师更新观念、知识结构和能力技能,体现在学校调整课程结构和内容,应用新的教育技术和改善校舍等方面。在教育改革过程中,改善硬件条件,调整课程结构、内容和应用新的教育技术相对容易,而提高教师素质则相对困难。

但现代化的关键是人,教育现代化主要体现在教师的观念、知识结构与能力技能等方面的现代化。时代在飞速变迁,第四次工业革命浪潮风起云涌。以大数据为核心,以智能工作、智能生产和智能物流为特征的"工业4.0",必将改变未来的社会和未来的教育,也必将对教师素质提出新的要求。

虽然教育不是制造，学校不是工厂，但不可否认的是，产品生产方式对课堂教学组织形式和课程组织形式有巨大的影响。班级授课制是第一次工业革命的产物，学科课程虽然在工业革命之前就已存在，但随着工业革命的深入，学科分化才成为主要的课程组织形式。班级授课制和学科课程制至今仍是学校教育中最主要的教学和课程组织形式。

"工业4.0"时代，以大数据为依托，人与人、人与物之间有了更好的互联互通性，制造智能化初见端倪，产品能更好地满足顾客个性化、多样化、复杂化的需求。也就是说，生产者可以向消费者提供个性化的解决方案。生产者的职责将由操作、服务转变为规划、协调、评估、决策、设备和系统的维护。由此可见，生产者要胜任工作必须具备较高的知识和能力素养，集设计生产、技术支持和管理服务等角色为一体。

当前教师的教学观念、知识结构和能力技能主要建立在班级授课制和分科课程制基础之上。我们过去经常谈到的教师专业素养和胜任力等也以此为基础，如教师的学科专业知识，备、讲、批、辅、考等基本技能，语言表达、沟通协作、反思能力、责任意识和进取精神等胜任力都是基于前三次工业革命（分别以蒸汽机、电力和计算机网络为标志）时代的要求。

在以大数据为特征的新时代，教师的工作方式将不可避免地发生很大的改变。知识和信息的共享使得教师不再是过去意义上的知识垄断者和权威，慕课的出现使得课堂翻转不可避免，教师可以在对学生作业数据开展分析的基础上，为学生提供分层甚至定制式的学科教学进度计划和培养方案，使因材施教真正成为可能。更多的人机互动，使得人与人之间的沟通和情感交流变得更加重要。借助于活动来培养学生的社会性也将成为重要的话题。教师对学生价值观和思维方式影响的重要性将超过任何一个时代。

迎接大数据时代，您需要作好哪些准备

需要建立以学生为主体的教学观念。差别化教学意味着教师要更新教学观念。在班级授课制组织形式下，教师确定课堂教学进度一般以中等偏下学生为基准，采用相对整齐划一的节奏进行教学，主流的教学观是教师

主导。尽管从理论上一直也在提倡学生为主体，但在实践中很难落实。在大数据时代，随着学生自主学习能力的增强，学生为主体将真正成为可能。

教师教学观念会影响其工作方式，但教学观念的转变在一定程度上也受制于工作方式。在某种意义上说，教师工作方式的改变对于其教学观念的改变起着决定性作用。过去我们经常抱怨教师教学观念陈旧，教师之所以教学观念陈旧是因为与陈旧的教学观念相适应的工作方式还在持续。现在教师的工作方式发生变化了，教学观念自然也会随之而改变。

知识的深度和广度需要不断拓展。在大数据时代，教师工作的重心将从知识传授逐渐演变为开展教学评估，根据学生学习节奏、进度和效果，为学生设计个性化的学习计划和方案，与学生就学习效果、学习方法和学习计划等进行有效沟通等。随着学生学习进度差异的逐渐放大和自主探索领域的不断扩大，教师在学科知识深度和跨学科知识广度方面也必须不断延伸，能够做到"上下贯通、左右逢源"。

可以预计在不远的将来，教师会跨学段教学，甚至跨学科教学。一些只能胜任某学科、某段教学任务的教师，可能会逐渐被淘汰。而那些知识基础较为雄厚、能够上下贯通的教师，那些能在同一领域内不同学科间（如自然科学领域内的物理、化学和生物，社会科学领域内的经济、政治、法律和社会等学科间），甚至不同领域内进行自由穿梭的教师，将大受欢迎。当然，这客观上依赖于大学通识教育的普遍实施。

当前，很多教师仅仅满足于按照教材安排、参照教学参考书进行教学，对核心素养和课程标准漠不关心。可以想象，随着学生自主学习能力的增强，教师如果仅仅依靠教材而不围绕着课程标准中的知识点和要求深入开展研习，将很难应对学生提出的问题。也就是说，新时代的教师要逐步摆脱对教材的一味依赖，根据课程标准和核心素养要求，自主选择合适的教学材料提供给学生进行学习。

具备文献检索能力和教学材料加工能力。中小学教师要想摆脱对教材的依赖，必须具备相应的文献检索能力和对教学材料进行辨别和加工的能力。教师不但要知道知识的来龙去脉，明晰知识的内涵、外延，还要知道如何采用学生能理解和接受的合适形式呈现给学生，让学生能够借助这些材料进行有效学习。也就是说，教师不但是学生学习活动的组织者，同时也是学习材料的提供者和推荐者。中小学教师的教学方式将变得越来越像大学教师，要具备基本的研究能力。

强化教学评估能力和学习指导能力。如前文所言，在新时代教师利用数据进行教学评估的能力将不可或缺。作为专业人员，教师不仅能够根据课程标准和核心素养要求为学生提供学习资源，而且还要对学生的学习能力和学习方式等进行评估、指导，要让学生在原认知水平上有实质性的发展，而不仅仅是机械地完成规定任务。

为了方便教师更快了解学情，对学生作业进行电子化同时进行数据挖掘的APP将很快会出现并得以普及。学生或家长可以很方便地借助于APP把作业信息传递给教师，教师借助于数据挖掘可以快速了解学生对知识的掌握程度和在班级中的位置。

基于"项目反应理论"的分层作业和测评系统也将会被开发，这意味着作业是异质化的，学生只要能熟练完成一定难度的测试题目，就不需要再进行大量重复的同类习题练习。这将大大减轻教师的工作负担，同时也将提高学生的学习效率。

教师要对学生的学习方式进行有效的指导，就要了解不同学生的特质。比如有的学生是视觉识别型，有的学生是听觉识别型。有的学生理解力强，学习节奏快；有的学生反应慢，学习节奏慢，但思维的深刻性好，掌握知识较为扎实。优秀教师最重要的秘诀就是能包容、有耐心，不轻易打乱学生的学习节奏。教师按照学生特有和擅长的节奏以及习惯的学习方式来组织教学将是未来教学中的主要方式。由此可见，撰写评估报告和提出学习改进建议将成为未来教师工作的中心内容。

需要提高沟通交流能力。随着人机交互和人物互联的深入发展，人与人之间的沟通和情感需求的重要性必将凸显。在大数据时代，如果说班级授课制仍有存在的理由，其中最可能的原因就是人与人的在线交流不能完全代替面对面交流，在线条件所创造的数字空间，不能代替人与人在一起创设的集体氛围。所以，技术越发展，人与人之间的沟通和情感交流越重要。

现在很多教师与学生及其家长之间的沟通效果并不理想，其中重要的原因是教师对学生各方面情况的了解不够全面和深入。大数据时代，教师能更加方便、更加深入地了解到学生的情况，这样沟通的时候就会有根据，交流也才会更有效。

当然，教师与学生和家长之间的沟通效果，除了受沟通内容的影响，主要还受到教师个人沟通技巧的影响。在日常教学工作中，一些教师与学生之间的沟通主要是简单的批评和表扬，与家长之间的沟通主要是通报情况和要求配合。而且这些批评、表扬和"告状"，往往因为缺乏充分的证据支持和教师居高临下的态度，让学生和家长反感。

沟通中最重要的原则就是尊重。教师在与学生和家长进行沟通之前，先要有很好的铺垫，先创设愉快的氛围，然后在和风细雨中把问题引出来，让对方接受并认识到存在的问题和需要改进之处。最后，还要给对方鼓励和肯定，让学生和家长愿意接受教师提出的建议并付诸行动。沟通的目的是为了解决问题和增进感情，而不是通过耍威风、摆架子来刷自己的存在感。

增强活动组织能力，培育学生的社会性。学校不仅有学术生活，而且还有社会生活。在智能化时代，人的社会性会受到一定程度的挑战。学科教学进度的分层和个别化使得班级作为集体的存在感受到影响。而体育、音乐等活动则反而在凝聚学生、培养学生的社会性方面起到比过去更加重要的作用。

教师具备良好的活动策划和组织能力，可以在活动中培养孩子健康的身心，锻炼外形和气质，培养团队协作能力和社会交往能力。孩子在团队活动中会遇到各种问题，他们在处理这些问题的过程中会逐步理解个人与集体的关系，会理解为了团队共同利益需要克制个人冲动、需要支持和配合他人的工作，而这是大数据时代特别重要的素质。

提升培育价值观和思维方式的能力。技术越发达，越需要进行价值观和思维方式方面的教育。在大数据时代，学生是数字原住民。随着学习越来越智能化，价值观的培养将变得更为重要，培养学生具有自主、进取、利他、包容和同情等积极的价值观，将成为影响教育成败和人类前途命运的决定性因素。技术和权力一旦被价值观扭曲的人掌握，可能会带来不可估量的灾难。

每个教师都有对学生进行价值观教育的责任。首先，在学习材料的选择上，要有正确的价值导向。其次，可以借鉴"价值澄清"等模式对学生进行价值观教育。让学生相对自由地进行选择，在尽可能广泛的范围内进行自由选择；对每一种可能选择的后果进行审慎思考后作出选择；作出喜欢的选择并对选择感到满意；乐于向别人公布自己的选择；根据作出的选择行事；作为一种生活方式不断重复。最后，教师要对学生不良的价值选择进行积极引导，使其最终能够树立正确的价值观。

思维方式的培养在大数据时代也非常关键。中国人的思维具有整体性和情景性特点，西方人的思维具有个体性和分析性特点。这两种思维方式各有优劣。大数据时代，知识将会在新的高度上进行分化和整合，需要学生有更加复杂的思维水平和思维方式。

作为教师不但要了解整体思维和分析性思维，还要借助具体学科和活动来促进学生的思维发展，如借助于主题学习和问题探究来培养学生的整体思维。

一个崭新的大数据时代已经出现在我们面前，教师作为专业人士，需要未雨绸缪，勇敢、智慧地迎接将要到来的挑战。

（作者系北京师范大学教育学部副教授，

北京市门头沟区京师实验小学原校长）

（本文原载于《人民教育》2016年第15期）

教师应具备的七大素养

郑金洲　吕洪波

从现阶段情况来看，无论是教师的角色定位，还是其核心素养和工作方式，都呈现出一系列新动向。

教师定位的三重转变

定位是行为的前提，定位准确、清晰，行为才可能到位，才不至于出现错位、抢位、越位。教师的角色定位也是如此。在教育实践中，教师的角色定位既源于自身对职业的感受和认知，也来自对教育内外因素变化的参照与考量。以下三方面的变化大概是较为明确的。

由学科教学者转变为育人者。教师一般来说都是执教某一个学科的，常以为自己把特定学科知识掌握了，能够把知识点详细分解并让学生掌握，也就完成教育任务了。这种角色定位适应了单一知识教学的要求，但在全员德育、一体化德育的背景下，显得越来越不合时宜。我国正处在经济社会的深刻变革期，各种社会思潮激荡，思想多元化倾向明显，大力培育践行社会主义核心价值观，加强对学生思想品德、政治觉悟的引导，增强学生的理论自信、制度自信，已成为当务之急。相关理论研究成果告诉我们，德育以及价值观的教育具有弥散性，不是单一途径、单独设课能完全奏效的，而是学科间、课内外综合发挥作用的；具有渐进性，不是一蹴而就，而是日积月累逐渐积淀而成；具有引导性，不是直接灌输，而是在各种场景中经由自觉思考得到的；具有示范性，教师以及其他社会成员的以身作则、率先垂范作用明显。这就要求每一位教师切实承担起德育的职责，每门学科要把德育放在突出位置，每位教师都是学生德育的示范者，形成德育一体化的良好格局。

由"学校人"向"系统人"转变。在计划经济年代，教师通常是固着于某一所固定的学校执教，职业生涯从开始到结束都是在这所学校度过，有一种说法叫"扎着小辫进来，白发苍苍出去"。近年来，这种情况正在发生根本性变化，教师不再是某一所固定学校的从业者，而是在区域教育系统内流动。2014年教育部《关于进一步做好小学升入初中免试就近入学工作的实施意见》中明确提出，我国下一阶段要"试行学区化办学"。无论是学区化办学，还是当下各地实施的集团化办学，一个重要的举措就是教师流动机制的建立，借助于教师的流动，优化各校教育资源，提升各校办学质量水平。教师正在日渐成为系统流动的个体，教师职业的流动特征也日益明显。

由"教育人"向"社会人"转变。随着全面深化改革的不断深入，尤其是随着深化教育领域综合改革的持续推进，教育与政治、经济、社会、文化、生态建设的整体性、协同性、系统性程度越来越高，客观上要求教师走出学校的围墙，参与社会各种活动。2015年10月教育部下发的《关于加强家庭教育工作的指导意见》中明确提出：各地教育部门和中小学幼儿园要积极引导多元社会主体参与家庭教育指导服务，利用各类社会资源开展家庭教育指导和实践活动，扩大活动覆盖面。这一要求，也从一个侧面体现出教师应该走出学校，融入社会，有目的地引导社会主体参与教育活动。

教师的七大素养

教师到底应该具备哪些素养？哪些素养属于核心素养？这是一个理论界和实践界多年来一直共同关注的问题。对于这个问题，不同时期、不同阶段会有不同的回答。在今天的时代背景下，教师的素养应该着重强调以下几方面。

信息素养。我们今天生活在一个信息化社会，信息像空气一样，无处不在。有研究表明，现在每 18 个月产生的信息，相当于人类社会有文明记载以来所有信息的总和。信息每天都汗牛充栋般产生，假如哪一个教师还死守着"术业有专攻""闻道在先"的信条，以为学生不了解的你了解、学生没掌握的你掌握了，用师范教育的几年知识就可以"包打天下"的话，就无法适应学生的要求，也无法提高教育教学水平和质量。生活在信息化社会的学生，每天都接受着大量的信息，他们的信息素养甚至比教师都高。融入信息社会，提高信息素养，已成为教师能够胜任教学工作的基本前提。

"信息素养"一词，是美国图书馆学会 1989 年提出的，如今已被普遍接受。从教师专业发展的角度来看，信息素养至少表现为以下内容：有获取新信息的意愿，能够主动地从生活实践中不断地查找、探究新信息；能够较为自如地对获得的信息进行辨别和分析，正确地加以评估；可灵活地支配信息，较好地掌握选择信息、拒绝信息的技能；能够有效地利用信息、表达个人的思想和观念，并乐意与他人分享不同的见解或信息。

创新素养。美国心理学家托兰斯的研究发现，教师在创造性动机测验中的成绩，与学生的创造性写作能力之间存在一定的正相关。这一发现表明，教师创新能力的高低制约着学生创新能力的发展。没有教师教育教学上的持续创新，学生的创新能力也就很难发展起来。这也意味着教师需要改变原有的单一注重知识传授和再现的行为，不能再把知识点的分解和讲解作为自己教学的主要目标甚至是唯一指向，需要切实将教育教学看作持续创新的过程，将每次教育教学活动的设计当作创意生成的过程。教师的这种创新素养主要表现为：对教育教学具有挑战心、好奇心、想象力；鼓励学生创新，把学生当作创新主体，促进学生在学习中张扬创新的主体性；宽容学生的失败，鼓励学生适当冒险，营造教学中激励创新的氛围；把教育教学看作学生主动学习、探究反思、变化更新的创新过程；在教学中为学生提供创新的时间和空间，形成激活学生创新欲望、培育学生创新潜能的作用力；自己在教学中持续不断创新，把每次教学都当作创意设计和实施的过程等。

跨学科素养。从学生全面发展的要求来看，教师既需要为学生提供单学科知识，也需要引导学生掌握学科间的联系，在学科与学科的有机关联中形成对问题的真正掌握。自然科学以及社会科学的发展也越来越多地指向学科的交叉与融合。另外，从社会实践和生活实际中也可看出，所有问题的解决都不是靠单一学科，都是基于不同学科的有机结合，综合性地分析和探讨，才有可能找到解决问题的答案。所有这一切，都要求教师进一步扩大和提升跨学科素养，不仅要系统掌握本学科本专业知识，而且要有意识地提高自身跨语文、跨数学等方面的素养，要对生活的各个层面（时事政治、经济发展、科技动态、乡土人情……）所涉及的各种知识有所把握，要细心研究如何从学科相联系、相交叉、相渗透之处提出探究问题。非语文、非数学的老师要研究本学科应用语文、应用数学的特点，在提高学生本学科素养的同时，促进学生语文素养、数学素养的提升。美国当前正在蓬勃兴起的"共同核心标准运动"，即制定和实施各州通用的全国性统一核心教学标准。目前已出台了语文和数学两个学科的核心标准。其中语文核心标准除了本学科的要求外，还有跨学科的语文素养标准，对6—12年级的其他文科（包括历史和社会研究学科）和理科（包括科学和技术学科）的阅读和写作提出了要求，具体明确地提出了在其他文科和理科的情境下学生需要掌握的各项语文能力。

媒体素养。自媒体正在使教师私密空间与公共空间的界限变得模糊，使教师个体行为与公共行为的距离变短。教师增强自身的媒体素养已变得迫在眉睫。在这里，教师媒体素养指的是教师认识、评判、运用传媒的态度与能力，既指教师面对传媒各种信息时的选择能力、理解能力、质疑能力、评估能力，也指教师在认识媒体的基础上对媒体的巧妙运用，大体可分为基础、核心及关键三个层面。其中，各种领域的知识积累和教育教学的阅历是基础要素；把握各种媒体的特性，正确解读各种信息并恰当运用，培养对媒体信息的批判意识和批判能力，提高对不良信息的辨认能力和免疫能力，同时学会有效地利用媒体信息为教育教学服务等是其核心要素；有着追求当代教育新鲜信息的强烈愿望是关键要素。

社会参与和贡献素养。以往教师多将自己限定在学校围墙之内，不太关注政府事务，甚至对社会上的种种弊端熟视无睹，认为那是官员和政府的事情。随着国家治理体系和治理能力现代化的不断推进，越来越要求教师参与到政府事务中去，参与到社会事务中去，在社会参与中体现自己的价值，甚至由于教师的特殊身份和知识占有的便利条件，成为公众参与社会事务的引领者。同时也要求教师主动承担社会责任，参与学校周边环境建设，通过发挥自身的教学资源优势，服务社区居民，提升学校的社会影响力和知名度，为社会作贡献。

自我管理素养。如今，教师面临的压力日益增大，各种各样的困惑也越来越多，而外在的激励手段相对匮乏，专业水平越高，能够给予自己指导的专家越少。此时，教师的自我管理素质和能力就显得愈发重要，能不能很好地管理自己，约束好自己，激励好自己，直接影响其专业发展水平。自我管理注重的是教师的自我教导及约束的力量，亦即行为的制约是通过内控的力量（自己），而非传统的外控力量（校长、专家），简单来说就是知道自己应该做什么，知道自己应该怎么做，能够有效采取行动。教师的自我管理素养涉及很多内容，如目标管理，明确自己的努力方向，并不断积极向这个方向迈进；时间管理，能够区分任务的轻重缓急，对时间作出统筹安排，工作时不会有拖延症；沟通管理，善于针对不同沟通对象采取不同的沟通行为，对影响沟通的事情抓苗头、抓早、抓小；情绪管理，能够控制自己的情绪，不在情绪激动或失控的情况下采取不当行为，冷静地对事物作出判断；健康管理，认清自己的身心状况，经常锻炼以保持健康体魄，经常进行心理自我调适，保持积极乐观的情绪等。

未来教师新要求

教师的新定位、新素养，必然反映为对教师的新要求。把新要求落到实处，新定位才能到位，新素养才能形成。

把政治纪律、政治规矩放在重要位置。自教师职业产生以来，任何一个社会时期，都会有对教师的政治要求，但这点在当下对我国广大教师有着非同一般的重要性。在今天经济社会深刻变革的时期，各种政治思潮激荡，需要教师保持高度的政治敏感性，对各种政治主张作出分析、鉴别，引导学生坚定正确的政治立场，抵制不良政治思想的影响。教师是知识的传承者、社会主流价值观念的代言人，肩负着学生"成人"的使命，在政治立场上需要旗帜鲜明。无论是党员教师还是非党员教师，都应该把守纪律、讲规矩摆在重要位置。

把适应变革作为常态。改革只有进行时，没有完成时；改革以后所面临的问题并不见得比改革以前少，这已成为事实。对教师来说，在教育教学活动中，要切实树立教育没有终极观念的基本观点。要认识到教育教学改革是长期的，没有尽头的。改革总是随着时代的发展而发展，随着时代的变化而变化，改革也总是由浅入深、层层递进的。一个时期领先的教育观念，在另一个时期可能恰恰是改革的对象；一个时期教育上的优秀做法，在另一个时期可能恰恰是发展的负累。教育正是在克服自身一个又一个缺陷的同时，走向新的更高水平的。忽视学生的时候，我们需要大声疾呼教育中要看到"人"的存在；过度关注学生的时候，我们也要尽力扭转认识上的偏颇，给经济社会发展的需要以恰当的定位。忽视教材的文本解读的时候，我们需要形成教材是蓝本也是文本的观念；但过度解读教材、超越教材的应有边界的时候，我们则要引导尽量回归教材的政治、文化、学科等属性，不能一味地主张"一千个读者，有一千个哈姆雷特"。凡此种种，不一而足。从这个意义上说，观念更新永远在路上，恒久的、普适的、一劳永逸的教育观念几乎是不存在的，教师要经常检视自身教育教学观念存在的缺陷与不当并及时加以调整。

把学习当作生活方式。教育学的逻辑起点之一或者说最重要的逻辑起点就是学习，由学而至教，由教而至成长，由成长而至成人。这可以说是基本逻辑。对教师来说，这个逻辑同样成立。有人在形容当今社会的变化时，用了这样的语言来概括：六年前是古代，六年后是未来。这样的话虽有言过其实之嫌，但的确反映出信息化社会的变化特点。在农耕文明时期，教师学几年可以教一辈子；在工业文明时期，教师学十几年可以教一辈子；在后工业文明时期，教师只有学一辈子才能教一辈子。以前，我们定义学校的时候，是从学生的学习角度出发的；在今天，学校已不再单一指学生的学，也是指教师的学，是教师与学生的共同学习、结伴成长。与专业水平高的教师打交道，总是给我们留有这样的深刻印象：他热爱学习、酷爱读书，学习欲望强烈，持续学习能力强，善于通过学习反求诸己，变革自身。我很同意一种观点：一个人的成长史就是一个人的阅读史。读什么样的书、怎样读书、读了多少书，决定了你会成长为一个什么样的人。教师真正把学习当作生活习惯、当作精神追求了，本领恐慌不再，能力素质也会不断得到提升与发展。

（作者分别系中国浦东干部学院教授、博导，

上海长宁区教育学院特级教师）

（本文原载于《人民教育》2016年第11期）

高效教师的七个习惯

(英)斯科特·巴克勒　保罗·卡斯尔

积极主动

  我们真正可以掌控的唯一事物就是自己。对于日常生活的外部事物我们无法控制，比如我们无法控制天气、交通，也无法控制督学何时到访。我们所能控制的仅仅是我们对外部情况的应对方式。堵车时，我们也许会变得焦躁，但也可以调整关注的角度，去享受广播中的音乐，规划明天的活动或者只是看看那些匆匆赶路的行人。关于天气，我们应该试着去理解风雨交加的天气对学生造成的影响，或许学生会比往常表现得更为"活跃"，因此我们可以在开始讲课之前花一点时间营造一种平和的氛围。

  我们可以在认知、精神以及思想、情感和身体层面对自己作出调整。如果我们开始感到焦虑不安，那么事情可能会失控。我们可以通过调整身体状态，从而在认知和情感层面重新获得平衡。例如，我们可以调慢呼吸，并专注于呼吸的过程，让自己变得平和。

  保持积极的心态，不仅可以让我们面对不可控情境时能够更好地应对，还能让我们在焦虑因素和可控因素之间寻求平衡。在日常教学过程中有很多方面都会让我们担忧，比如成绩的等级差异、课程的变化等，我们必须去考虑可以影响这些方面的因素。我们不能控制所有的焦虑因素，但是我们可以控制那些我们能够影响的因素。例如，成绩的等级差异可能是一个令我们担忧的因素，那么我们可以把消除等级差异作为一个目标，并且通过我们的教学来对这一因素形成影响。不断变化的课程也许不是我们可以控制的因素，但是我们可以考虑如何去主动应对这种变化。

如果把精力集中在我们无法控制的因素上，会显得被动。相反，如果在那些可以改变或影响的因素上作出努力，我们就会更加积极主动。尽管该道理人人皆知，但是一些选择仍然会导致负面的结果，或出现所谓的错误，尽管我们不能改变已经发生的事情。从积极的角度来说，我们可以反思发生了什么、为什么会发生，然后去考虑如果类似的事情再次发生，我们会不会作出更好的决策。

总之，第一个习惯——"积极主动"，就是在我们能掌控的范围内，对我们的选择及其可能带来的后果负责。

以终为始

"终"是"以终为始"这一习惯的核心概念，可以定义为"最终目标"。思考自己在职业生涯中真正想要的是什么，什么能带给你教学生涯中最高的成就感。

许多教师关注短期的目标和日常的教学，但真正的成功需要确定长期目标。这一目标可能无法通过短暂的反思而形成，需要很长的时间来确定。实际上，目标并不仅仅是有高薪的工作，更是个人价值的实现。

综上所述，第二个习惯涉及最终目标的确定。一旦确定了目标，教师就可以用第三个习惯——"要事第一"的原则来规划实现目标的步骤。

要事第一

紧急任务和重要任务有怎样的区别？这个习惯帮助教师去思考紧急性和重要性的区别，重点去计划、排序和实施这些任务。

柯维提出了一种有效的方法，通过一个2×2矩阵的四个象限来帮助教师判断任务的轻重缓急（见下表）。

时间管理优先象限表

	紧急	不紧急
重要	象限1——紧急事件：我必须首先处理这件事情！	象限2——这件事对我很重要，我需要花一定时间来做这件事。
不重要	象限3——有人让我快速去做一些事，但这些事对我而言并不重要。我应该说"不"。	象限4——这件事怎么会在我的清单中？

象限1：这个象限指的是紧急任务。变得高效的关键是，限定或尽快处理进入第一象限中的任务，从而可以关注那些第二象限的任务。

象限2：这个象限里的任务是一个人真正有效工作的关键。如果你已经理解前面所说的两个习惯，你将有勇气对那些无关紧要的事情说"不"，因为你确定了自己的最终目标，并明确了事情对自己的重要性。这个象限中的任务将对你的工作产生深刻的影响。

象限3：这个象限中存在一个悖论：会存在紧急但不重要的任务吗？在面对紧急事件时，如果教师花费精力去完成这类紧急却不重要的任务，那么很可能将没有时间去完成那些自己应该去做的重要任务。以使用电子邮件为例，人们经常以检查和回复邮件作为一天工作的开始，而不是规划这一天需要完成的任务。实际上，归类为"紧急事件"的大多数任务是别人为了在最后期限前完成任务而强加的。回到邮件这个话题，教师打开的每封邮件都会花费时间和资源去处理：阅读后作出是否删除、回复或保存的决定。

象限4：可以说那些不重要也不紧急的任务会因其他象限任务的紧迫性而被忽略。

这种模式的最终目标是确保你能够减少象限1中的任务，而把更多的时间花在象限2的任务上，同时避免在象限3和4的任务上花费时间，因为这些任务并不重要。实际上，如果可以达到这种平衡，你将会更好地安排和掌控自己的工作和个人生活。为了确保能够在象限2的任务上投入更多的精力，教师需要花费一些时间来处理一些事情：需要先明确象限1中的事情已经处理完毕，因为这些任务也不能被忽视，此外还要对象限3的事情进行妥善的处理。

双赢思维

这个习惯强调互利互惠，而不仅仅是一个人获利。我们应该建立一种可持续的、长远的多边人际关系。

教师可以考虑在班级通过建立有效的家校合作关系来提升学生的阅读水平。还可以在某天晚上组织一个家长工作坊，让尽可能多的家长参加，在工作坊中重点介绍家长帮助孩子提高阅读能力的一系列策略。首先向家长说明为什么要帮助孩子提升阅读能力。研究显示，家长的参与在提高儿童阅读能力方面有重要作用。然后，可以向家长介绍针对不同文学类型促进孩子阅读能力提升的一系列策略。将孩子作为工作坊的核心，教师和家长为提高孩子阅读能力这一共同目标而携手合作。这种方式可以有效提高班级学生的阅读水平，这对教师有益，同时也可以让孩子和家长享受共同阅读带来的珍贵体验。

知彼解己

当别人与我们说话时，我们究竟听到了多少？作为教师，我们倾向于解决问题，但在理解情境之前就试图解决问题是不对的。以行为管理为例，在课堂上，我们可能会发现一些未经许可的行为，并且这些行为产生了不良后果（比如轻声的甚至高声的喊叫），但是作为老师的我们真的理解学生为什么会做出这种行为以及如何防止类似行为的再次发生吗？要充分理解所发生的事情，唯一的办法是了解前因：在这种行为出现之前发生了什么？在确定解决方案之前，我们是否对发生的事情有准确的理解和判断？从另一个例子来看，学生在完成作业方面存在困难，作为老师，我们首先要了解学生在课上学习的效果，诊断学生的问题究竟是什么。

在我们做之前，我们是否倾听了别人在说什么？"倾听"有五个层次：充耳不闻、假装倾听、选择性倾听、细心倾听、移情聆听。最后一个层次——移情聆听，正是我们需要加强的方面，我们需要在倾听时充分理解对方，用我们的耳朵聆听对方在说什么，通过观察对方的肢体语言，"用心倾听"并理解他们所要表达的意思。虽然倾听别人需要付出很多精力，但是这比后期去消除误解要省力得多。

合作增效

前面提出了以双赢理念进行合作、设身处地聆听他人，第六个习惯则是在这些习惯的基础上实现有效的团队协作。作为一个群体（班级）的管理者，需要提倡团队协作。通过这样的合作或协作，目标更容易实现。实际上，协作的含义就是使整体效能大于各个部分的效能。

促进协作的核心在于以包容的心态建立一种互相尊重的氛围，当团队中的每个人都受到肯定和鼓励的时候，那么教师的工作成效将超越个人的最佳水平。

不断自我更新

最后一个习惯是关于个人发展的：更新你的个人资源，保持高效能。这涉及一系列不同的维度，包括教师在身体、精神和情感上的幸福，例如确保自己吃了健康的食物，有时间放松，拥有高质量的睡眠，身体上达到最佳状态，这些将为你从事教学作好充足的准备。

［本文摘自由（英）斯科特·巴克勒、保罗·卡斯尔著，张浩、郝杰等译的《写给教师的心理学》，该书由华东师范大学出版社2016年5月出版。］

（本文原载于《人民教育》2017年第1期）

第二辑

像孔子那样做教师

像孔子那样做教师
——《论语》新解

李 亮 周 彦

经典阅读永远都不会太迟。对经典的解读也从来都不缺乏、不拒绝新鲜的视角。其实，每个人心里都装有自己的《论语》。身份不同，视角不同，眼中的《论语》也必定不太一样。我们站在普通教师、日常教学的角度读《论语》，亦有别样的心得和收获。

做一个真实的教师

《论语》虽是经典，但各篇章对话之间并无上下一贯的系统联系。然而，正像李泽厚先生所说，读罢全书，却仍然可以见到一个"相当完整的生动印象"，那就是孔子。透过《论语》，我们分明看到了一个生动、真实的教师。

他有爱憎，不做好好先生。后世的人往往只关注儒家的中庸，于是遇到事情便选择不置可否，谁也不得罪，变成一副世俗的嘴脸，林语堂称之为"超脱老滑"。孔子不是这样的，他有自己的爱憎。子贡问他，君子也有憎恶吗？（《论语》第十七篇的第二十四章，注作17.24，下同）他说有。他憎恶讲别人坏话的人，憎恶自己下流却毁谤向上的人，憎恶勇敢而不懂理智的人，憎恶专断而执拗的人。有憎有恶才有活生生的人的情感。

他会着急,急了还会发誓。一次孔子拜会了南子,据说这是一个不道德的女人。于是招来了子路的不悦,孔子急得发誓说,我如果做了坏事,老天会惩罚我!老天会惩罚我!("天厌之!天厌之!"6.28)。一个老师被冤枉或者被怀疑了,想自证清白又没有太多的证据,情急之下的发誓,多么诚实,一点也不装腔作势。

他经常会被学生批评和质疑,子路首当其冲。老师见南子,他不高兴;孔子在陈国断了粮食,他也带着嘲弄的语气质问孔子:君子也有毫无办法的时候(15.2)?老师要去做官,他又颇有微词(17.5)。看来,孔子的学生可以对他说不,可以不高兴!

他还会发牢骚。他曾抱怨没有人知道自己,没有人起用自己,因怀才不遇而抑郁感叹(14.35);面对现实他也会有悲观的情绪,用凤凰鸟来比喻当时天下无清明之望(9.9);他还会前后矛盾,既提出"不患人之不己知,患其不能也"(14.30),又公开埋怨"莫我知也夫"(14.35)。

如此不悉数列举。足见,孔子其实并非如后世,尤其是宋明理学描绘的那样超凡入圣,他就是这样一个普通的平常人,在学生的眼中,他并非一个所谓高尚完美的至圣先师,他可以被挑战,可以被诘问,甚至可以被指责。

为师者,就应当如孔子那样做个真实的老师。

真实的老师是自信的老师。过于看重自己的形象,唯恐一个真实的自己撑不起教师这个角色,生怕有什么问题会让孩子瞧不起,这样的老师,究其原因恐怕是缺乏人格自信、文化自信。一颗为孩子着想的心也允许有各种犹豫、疑惑、焦急、无奈、后悔,但充满自信的老师能够开放应对,越是藏着掖着,有所顾忌,就越会背负沉重的思想枷锁。孔子无疑很自信,自信到能够允许和接受学生的批评,这种批评看来也并不影响学生对他的尊敬。

真实的老师还是一个生动的老师。自己生动,也能让学生生动。一个教学技艺精湛的老师也许可以用语言感染孩子,但一个真正的好老师更应该用整个身心来教育孩子,他即是教育,他就是教材。一个生动的老师,最大的感染力就来自身教。严格点说,应当是只有自然的身体力行,没有刻意的为人师表。自然状态的表现也许对学生的影响更大。孔子对学生的教诲也绝不仅是"子曰"而已，他整个人就是教育的最大资源。看看他的学生，哪一个不生动呢？子路性格爽直，子贡聪明灵活，曾点谨慎迟缓……孔子固然喜欢沉默不语、勤奋好学的颜回，但他也一样喜欢时不时质问他的子路，愿意与他"乘桴浮于海"，也喜欢"不受命"的子贡，甚至对曾被他批评为"朽木"的宰我也有过称赞。学生性格的发展，最为突出的价值就在于对人的丰富心灵的尊重。人的心理结构各异，具有无限丰富的可能性，唯有引导他们各自生动地成长与发展，个体精神的自由才有基础。我们共享文化的传统，但却可以有个体的发展与创造，这本身就是丰富生活的应有之义。如果教出的学生千人一面，那就是教育的失败。

让学生在问题情境中徜徉

孔子和弟子的一些对话，两千多年以后读起来也并不觉得枯燥，启发、诱导、批评、反诘、叹服、悲悯、无奈，异常丰富的情感蕴含其中。一个循循善诱的老师形象跃然纸上。最为突出的表现，就是老师重视营造问题情境，善于提问，也善于解答学生的问题。从教学论的视角看，"问题意识"是《论语》中特别值得驻足和回味的教学现象。

孔子常常用问题来回答学生的提问。与其说是回答，不如说是启发。子游问"孝"，他反问子游，如果"孝"只是赡养，那与养狗养马有什么区别（2.7）？子夏问"孝"，他反问，不给父母好脸色看，仅仅让年长的先吃酒饭就是"孝"吗（2.8）？子路问如何侍奉鬼神，什么是死，孔子反问不能侍奉人，怎能侍奉鬼？不懂得生，怎懂得死（11.11）？老人家没有直接回答，给出的问题就像是提示，是拐杖，学生借助这些问题去思考，自己就能得出答案。

孔子似乎不怎么喜欢帮学生"彻底解决问题"，反而会给学生留下点问题。比如，子路问"政"，孔子说就是自己带头，大家努力，子路没听明白，要求老师多讲一些，孔子补充说，不疲倦（13.1）。再比如樊迟问"仁"，孔子说"爱人"，樊迟再问如何是"知"，孔子说了解别人，樊迟还是不懂，孔子继续解释道，"举直错诸枉，能使枉者直"。樊迟还是没弄明白，但孔子似乎并没有继续解释的意思，樊迟出来之后请教了子夏才把问题弄清楚。看来孔子也并不急于通过一次的讲解就彻底解决学生的问题。

孔子还喜欢追问。老师追问学生，是为了帮助学生理清思路。子张问如何做到"达"，孔子反问，你的"达"是什么意思？子张说就是在国家和宗族中有名气，他告诉子张两者不一样，然后才开始进一步解释（12.20）。相比较而言，孔子更多的时候喜欢等着学生追问。子张、子路、司马牛、冉有都追问过孔子。最为典型的是子张的追问，孔子的每一个回答中，都有他不明白的地方，于是就有了链条式的追问："如何可以搞政治？""什么叫五种美德？""什么叫施恩惠但不花费？""什么叫四种恶行？"一个接一个地追问，最后终于把问题弄明白了。

从这些饱含"问题意识"的对话中，我们不难梳理出几个孔子关于"问题教学"的特征。

第一，思考比答案重要。我们通常认为，学生来请教，当然要给出答案，高明一点的老师也许会给出寻求答案的方法，总之要让学生带着疑问来，还要带着疑问走。老师的角色规定就是解疑，但孔子似乎不这样想。他也适当地解疑，但他更在意问题，不仅不刻意追求解答得天衣无缝、十全十美、滴水不漏，还抛给学生更多的问题去思考，看来老人家觉得让孩子一直保留着疑问更有必要。

第二，无论是提问还是解答，老师的语言简洁、不啰唆，不担心学生听不懂。老人家三言两语，子路听不明白很着急，非拉着老师让他多说一点。这是多有意思的场景！想想我们说很多，求着压着强迫着孩子听，可孩子呢，并不感兴趣，还很排斥。孔子倒好，就像一个"懒汉"，你问一句，我冒两个字，你再问一句，我再冒两个字，很少见到那种学生不问或不想知道的时候，他对着学生左叮咛右嘱咐的。这样的简洁，学生的理解反倒有了更多的空间。

第三，要让学生追问。这是孔子与学生的问答里最精彩的地方，也是与今天我们看到的师生对话最不相同的地方。我们今天的课堂里，老师追着学生问，精彩的是老师的提问，因为那似乎显示了老师的水平；学生精彩的是回答，是猜中老师想要的答案，是能够让听课老师响起掌声的回答。孔子好像倒没这样认为，他通常懒得去设计环环相扣的问题，而是等着你一步一步问下来，但是你再往下问，问到关键的地方，难点重点的地方，老人家也会滔滔不绝，说个痛快，说到你明白为止。

往深处琢磨，我们似乎还能触摸到孔子关于"问题教学"的一些理念。（1）学问学问，不会问岂能叫学问，学生的问题意识和提问能力很重要，老师要留给学生提问的空间和余地，一下把答案和盘托出，学生就没有了提问的需求。（2）学习应当是一种主动的行为，不是老师追着逼着你、勉强让你学，而应当是自己"求学"。本末倒置，学生没有积极性、主动性，老师讲得再多再好恐怕也不行。（3）老师解答的意愿要和学生求知的意愿相吻合。急急忙忙地把答案和盘托出，一下讲得太多，学生想听吗？唠叨的老师是不是反而会败坏学习的兴味呢？（4）老师的解答要合乎学生的理解水平，这样，老师的解答才有意义。

孔子的那些问题之所以美妙，就在于能触发思考，在于对知识的探求，在于求知的满足和不满足。问题，不正是一条通往美妙教学世界的路径吗？

从现实生活中汲取教育智慧

孔子的教育教学就在日常生活、教学之中发生着。他不仅关心学生的现实生活，而且善于用生活中的经验来引导学生理解一些艰深的道理。哪怕是他所极力推崇的一些深刻的理念，在他看来，也无一不是可以落实在饮食、睡觉、绘画、穿戴、走路上。所以孔子的教育很有生活气息和感觉。我们今天把生活当作一种教育资源，似乎还不够开阔，生活能给予教育的启示远不止这些。

首先，孔子关注学生的日常生活。宰我白天睡大觉，被老师批评"朽木不可雕也"，并进而得出要听其言观其行才可。颜回身居陋巷，生活得很快乐，孔子称赞他有贤德（6.11）。固然，他们的生活方式不同于现在，但孔子对学生日常生活的关注，不仅仅是出于生活之便，而是基于学习、生活、人生之间的联系，这种联系在今天却日渐被老师们遗忘。

现代生活的特点之一就是专门化、精细化，教育从社会总体生活中分化出来，又进一步分为学校教育、家庭教育和社会教育几个板块。老师精力有限，面对几十个学生，只能关注到他们在学校中的表现，甚至只能关注到他们上课听懂了没有，作业完成没有，考试考好了没有。如果有孩子成绩出了问题，那一定是课上没认真听，课下没好好复习、预习。这些当然都有可能，但很多时候，学习出了问题，病根却在日常生活中。想通过提高学习的强度来"治疗"学习的问题，有时收效甚微，有时南辕北辙，甚至会适得其反。

比如，你可能只留意一个孩子晨读时没能把昨天的古诗背熟，却未必会想到昨晚他的爸爸妈妈大吵了一架，闹着要离婚，他到现在也静不下心来背书而处于惶恐之中；你留意到一个孩子上课思想开了小差，在无聊地把玩手上的橡皮，却未必想到他刚才与同桌闹了别扭，正盘算下课如何打破僵局；有些孩子一个阶段成绩突然下滑，你简单地以为他被什么游戏分了心，却未必了解到他其实是想借助游戏逃避现实里的什么问题，而如果背后的原因不被及时发现，"成为一个不愿学习的孩子"就会变成一个自我实现的预言，到后来他也认为自己真的爱上了游戏，放弃了学习。在这样一些时候，我们就需要有教育的眼光，而不仅仅局限在教学的视野里。

孩子的生活是完整的，我们的教学只是他日常生活的一个片段，教学的问题都有生活的关联。我们单指望在学校课堂将一个人塑造完成，是很难的。在现实条件下，我们要尽可能地关注一些特殊孩子的生活，他们生活中缺少的关爱，遇到的问题，都会以某种形式在学习中传递出来。借用经济学的术语，教育是"嵌入"学生的日常生活结构之中的，我们的教育面向的是整个的人，而不是某一门学科的成绩，就好像孔子对子贡、子路这些弟子的教诲，早已超出了"学问"的范畴而直指人生。学生对生活有了正确的认识，对学习才会有健康的态度。

其次，孔子重视日常经验的教育意义。这从学生的评价里能够看出。子贡说，老师讲诗书礼乐我们能够听到，老师讲人性天道我们却听不到（5.13）。因为孔子很少谈大题目，少用大字眼，强调从近处、从实际、从具体言行入手。不是不讲大问题，而是不直接讲，不把问题弄得很高深。

李泽厚先生一言以蔽之，"道在伦常日用中"。颜回也评价过老师，他说老师的引导与教诲，发掘了他的才能，好像能够高高站立起来了，但想要继续跟着前进，又感到还有许多未知（9.11）。

这样的例子举不胜举。比如孔子用敬神的玉器来比喻子贡（君子不器），既褒其才能之高雅贵厚，又贬其发展不够全面（5.4）；"好学"就是不追求饮食居所的优越，做事勤勉、说话慎重，接近有德行的人来匡正自己（1.14）；用先有白底，再有绘画，来表示内心情感的"仁"是外在体制的"礼"的基础（3.8）；用麻布来纺织帽子就是礼制（9.3）；如此等等，都是用日常的经验来阐述大道。

这样的思维方式、论述方式有着实用理性的思想传统，但发掘日常经验的教育价值，却是教育智慧的体现。智慧有时就表现为一种跨界的眼光，发现学习与生活、社会与自然中原本看来毫无关联的事物间的潜在联系。这是一种直观的思维，整体的思维，区别于分析的、逻辑的思维形式。如果后者更具有科学倾向，前者就更具有艺术或者美学倾向。这种思维方式对今天解决生存、社会等世界性问题都具有不可忽视的价值。

自然原本就是一个整体，人类从中整体地划分出来，个体又从类中划分出来，教育从人的社会生活中划分出来，各个学科又将教育划分为不同的板块。总之，孩子往往无法把现实生活中的问题与课堂上、书本中的观点与公式联系起来。结合生活的教育，不是生硬地把生活拉进课堂，在课堂中讨论几个现实热点，仿佛这就是生活化了，重要的是从生活中实践、体验、领悟知识，同时也将知识运用于生活实践之中。

再次，孔子的教育常常融化在师生日常的聊天中。他和学生的一些对话与其说是讨论，不如说是聊天，不仅聊日常的话题，朋友的话题，聊天的氛围也很生活化。

孟懿子问如何是"孝"，孔子说"不违背"。樊迟替孔子赶车时，孔子就对他说，孟懿子问我如何是"孝"，我说"不违背"。樊迟问什么意思，孔子说，父母活着，按照礼制来侍奉，去世了按礼制安葬和祭祀。（2.5）学习就发生在这些日常的聊天之中。

一次颜回和子路在旁边，孔子说，你们何不谈谈自己的志愿呢？子路的志愿是与朋友分享的豪爽，颜回是不夸耀的居敬持志。子路反过来说，愿意听听老师的志愿吗？孔子说，使老一代安心，朋友一代信任，年轻一代关怀。（5.26）聊志向，也要相互说说，别只听学生说，学生也很想知道老师的志向呢。

这种日常的聊天具有一种拉近心灵的效果，什么是老师与学生的平等对话？高高在上，抛个问题给学生，然后在一旁听学生讨论，再怎么低下身来，也没有平等的情味。与学生像朋友一样的聊天，将教育化在这些日常的语言中，才更接近教育的本真。

如果说，孔子的这些聊天有什么特别值得一提的话，那就是教师的在场，即讨论与对话中"有我"，有教师的存在。换言之，讨论的主体是"我们"，而不是单单的"你们"；是我们一起交流对某个问题的看法，而不是老师来听听你们有什么想法。

孔子也受到道家学说的影响，说如果主张行不通了，就坐木排到海上漂流去，跟随我的大概是子路吧，子路很高兴，孔子马上提醒道，子路比我还勇敢，但只是不知道如何剪裁自己。（5.7）与学生交流自己面对困境的想法，也随机点出子路的粗犷、鲁莽。

孔子问子贡，他与颜回谁比较厉害。子贡说，哪敢与颜回比，他闻一知十，自己才知二。孔子说，是不如他，我和你都不如他。师不必贤于弟子倒是其次，把自己也放进去和学生比较一番，该有多大的气魄。

孔子更时常拿自己说事。既有自我谦虚的评价，比如不敢称自己圣与仁，觉得自己只是诲人不倦而已（7.34）；也有极力的辩解，你们这些学生以为我有什么隐瞒吗？我没有什么不对你们公开的（7.24）；也有对自己的剖析，觉得自己一以贯之（15.3），也觉得自己努力实践做一个君子，但还没有达到（7.33）。而最为经典的对白，就是子路、曾点、冉有、公西华侍坐，师生五人畅谈理想的场景。孔子不仅没有否定其他几位的志向，也表明了自己的理想与曾点相同（11.25）。孔子不怕暴露自己的缺点，敢于向学生表明立场。

我们常说孔子懂得因材施教，不同的人来问仁，问孝，问同一个问题他都能给出不同的建议，这有一个前提，就是他很了解自己的学生。这是从老师的角度上来看的一种惯常的看法。如果反过来想，从学生的角度来看呢？孔子的学生也一样很了解孔子，也许在学问上还难以企及，但他的脾气、兴趣、志向、爱好、憎恶，统统在与学生交流的过程中，一览无余地暴露在学生面前，包括在朝廷上的唯唯诺诺（遵守礼节）和被隐士质问时的无言以对。

教育的场域里，在师生相互的眼中，彼此都应当在场。我们提倡"把学生当成一个完整的人看"，这是人本取向的必需，其实还少了一半，就是教师在学生的眼中，也应当成为一个饱满而丰富的人。

正是借助了这些因素，孔子没有把日常生活看作是什么教育教学的资源，而是就在教育中生活，在生活中教育。他没有刻意为之，却饱含教育的智慧，更暗合了教育中的一些亘古不变的规律。

（作者单位：李亮系江苏省教育科学研究院；
周彦系南京凤凰母语教育科学研究所）
（本文原载于《人民教育》2014年第20期）

"好老师"孔子的学习哲学

何伟俊

孔子为师之道的根本就一个"学"字,他成为好老师的秘诀在于他的"好学"。据郑也夫先生统计,在《论语》里,"学"出现了56次,"教"只出现了7次。纵观《论语》,讲孔子教育教学方法的只有一句话:"不愤不启,不悱不发,举一隅不以三隅反,则不复也。"

作为教育家,孔子的教育智慧更多地体现在他自己的学习感受、体悟之中。

终身学习者

《论语》开篇首字即"学"字。孔子和弟子们说得最多的大概就是"学"。

《论语》首篇第一章孔子的三句话,是孔子对弟子掏心窝的话,他的人生感悟、对"学"的深刻理解都包含其中,可谓"开学寄语",殷殷嘱咐。"子曰:学而时习之,不亦说乎?有朋自远方来,不亦乐乎?人不知而不愠,不亦君子乎?"

孔子这三句话向弟子们传递了他的"学习哲学"——学习,是人类的第一特征;学习,是人生的第一要务;学习,是生活的第一乐趣;学习,是为师的第一本领。

这样的哲理,孔子说出来是那样亲切和真诚。当孔子感受到弟子们心中的困惑、疑虑、芥蒂时,他如此说,其实是在与弟子们交心。这样的交心富有情趣、充满感情。情是孔子对待弟子的真诚、关心和期待；趣是孔子说话的语气。

当我们反复吟诵"学而时习之，不亦说乎？有朋自远方来，不亦乐乎？人不知而不愠，不亦君子乎？"体味其中的音韵、节奏、声调，弟子们面对孔子席地而坐，孔子面带微笑，用亲切舒缓的语气对学生谆谆教诲的场面，自然地浮现在我们的眼前。"不亦说乎""不亦乐乎""不亦君子乎"不是反问，是商量，是启发，是循循善诱。

《论语》以"学"开篇，同样，孔子的人生始于"学"，且终身实践。在那个没有"终身学习"概念的时代，孔子用自己的行动表明他是个"终身学习者"。

子曰："吾十有五而志于学，三十而立，四十而不惑，五十而知天命，六十而耳顺，七十而从心所欲，不逾矩。"（2.4）

少年立志学习，才成就了孔子的人生。苏格拉底说："未经审视的人生，是没有意义的人生。"东西方两位先哲可谓"心心相印"。孔子不断审视自己的人生，最后达到"自在""通达"的境界——"从心所欲，不逾矩"。这样的不断"审视"，不断"进阶"，始终伴随着一种行为——"学"。"十有五而志于学"：人生起步于学，学也贯穿于他的一生。年轻时，学做人做事的本领，学知识、学技能；"三十而立"：因为学，有了知识、技能，他能在社会上做事，自立于社会；"四十而不惑"：社会阅历和人生经验的积累，加上不断学习、反思，人生的智慧不断丰富，他对很多事、很多问题能看明白而不迷惑；"五十而知天命，六十而耳顺，七十而从心所欲，不逾矩"：还是因为学习、修行，他"下学而上达"，上遵自然天命，下容世道人情，心之所愿都不会逾出规矩。

这是一个从事功层面到智慧层面再到精神层面的过程，也是一个从物质到心灵的生命历程。

叶公问孔子于子路，子路不对。子曰："女奚不曰，其为人也，发愤忘食，乐以忘忧，不知老之将至云尔。"（7.19）

"不知老之将至"，是因为"发愤忘食，乐以忘忧"。其实，此时的孔子已经60岁左右，在那个时代是名副其实的老人了。在这个年龄，孔子仍然

"发愤忘食",可见其学习动力多么强大。因为忘情,孔子在这样的学习状态中享受着快乐,忘记了忧愁,真可谓"心忘方入妙"(恽寿平语)。

自少年始立志学习,成为终身学习的先行和楷模,这才有了"好老师"孔子的诞生。

学习的方法与思维方式

除了好学的态度和精神,孔子的学习方法和思维方式也值得借鉴。

"见贤思齐焉,见不贤而内自省也。"(4.17)意思是生活中遇到的每一件事、每一个人都可以成为自己的老师,都能从中学到东西。哪怕是那些不好的遭人摒弃的,我们也能通过"自省"而引以为戒。这就是孔子的学习方法:好人好事要学;不好的人和事,不是一味去指责、鄙视,而是反观自身,从反面将之转化为学习资源以提升自己。

将整个生活都看作学习、修炼的场域,时时、处处、事事学习。学习是发自内心的喜好。

正如子贡所言:"夫子焉不学?而亦何常师之有?"(19.22)没有固定的老师,只要有可学之处,皆是老师。所以,"三人行,必有我师焉"。

这既是开放的学习态度,也是孔子学习的思维方式——从多方面学习,并非一概接受,不加思考,而是"择其善者而从之,其不善者而改之"。"择",是一种学习智慧。当今社会,信息、知识爆炸,我们往往缺少的不是知识,而是选择知识的智慧,化知识为能力与德行的智慧。

子曰:"知之者不如好之者,好之者不如乐之者。"(6.20)知之者,知性层面;好之者,情绪层面;乐之者,精神层面。学习也好,做事也好,或者从知性开始,或者从喜好开始,最终达到心灵愉悦才是最高的境界。快乐的境界,就是人与知识的融通,人与世界的圆融无碍。

现今的教育讲"乐学",多流于表面和形式,往往是肤浅的兴趣,简单的激励。乐学,不是轻轻松松,不花时间,不用努力;乐学应建立在喜欢的基础上,真的喜欢才有真的快乐;喜欢又建立在懂得、理解的基础上,也就是对知识本身魅力的喜爱之情。这里,孔子把"乐之"作为学习的最高境界，回应了《论语》开篇他的学习哲学——"学而时习之，不亦说乎"。

孔子是用审美的眼光与方法学习，天人合一是他观照自然的情怀；同时，"智者乐（"乐"读"要"，喜欢的意思）山"，"仁者乐水"，也是孔子向自然学习的体现。

正因为与山水天地相融，向自然万物学习，才有了"子在川上，曰：'逝者如斯夫，不舍昼夜'"。孔子把自己对宇宙、历史、生命的思考，融入了滔滔不息的流水之中。山水的启示，让孔子明白了"知者动，仁者静。知者乐，仁者寿"的人生智慧，在于知进退，也就是动静相宜，动静协和，文武之道，一张一弛。

孔子好学、乐学，不断提升自己的生命境界，成为后世心目中"高山仰止，景行行止。虽不能至，然心向往之"的楷模。

学而后教

子曰："默而知之，学而不厌，诲人不倦，何有于我哉？"（7.2）这是孔子"为师之道"的精髓。

"默"并非"默写""默背"，而是指凝神静气、沉下心来，静静去学习、体味、琢磨。"知"是记下来，融化到心里面的意思。"学而不厌，诲人不倦"，是孔子学习、教学真切的感受。用现在的话说，孔子一生都在"备课"。他乐学、乐教，享受教书育人的幸福。

孔子经常将自己的学习体验融入到教学中。

"学而不思则罔，思而不学则殆。"（2.15）这是孔子原创的"学习"思想经典，从古到今，被引用率很高。学和思，是客观的知识经验和主观的建构之间的关系。学习了客观的知识经验，经过思考的整理、加工，融入自己的认知结构，才能内化为自己的知识。这样的知识才是系统化、清晰化，才不会因为知识的繁杂而"罔"（模糊不清，混沌不明）。思，是一个转化的过程，也是一个建构的过程。对学习而言，思考的作用再作强调也不为过。尤其是当下，无论教师还是学生，缺少的不是学，而是思考，独立的思考和判断。

孔子对"学"与"思"的密切关系，揭示得很深刻。这一点，孔子有切身体会。他曾经说："吾尝终日不食，终夜不寝，以思，无益，不如学也。"（15.31）有了真切的自我学习体验，才可能启发、引导弟子们更好地学习。孔子对"学"还有另一个独特的体验——"学如不及，犹恐失之。"（8.17）这道出了孔子作为学习者的感受。"及"的甲骨文，由两部分组成，前面是个人，后面是一只手，一只手抓住一个人。"及"的本意是赶上、达到、抓住。"学如不及"是说学习好像抓不到某个东西一样。有时候，我们要说一句话，想要表达一个意思，似乎想清楚了，却说不出来或说不清楚，就好像看见那个东西却抓不到一样。"犹恐失之"，就是抓在手上，还害怕丢掉了、消失了。当灵感一闪而过却不能及时捕捉的时候，内心会有些许遗憾，这种感觉是很真切的。如果你贴心地与孔子对话，就会对孔子的这种学习体验产生共鸣。

学习还是一个动态的过程。孔子的话启示我们，学习是一个"抓住"的过程，如果不能将学到的东西刻在心里、融入灵魂，学习就可能抓不住。

正是因为在学习上孜孜以求、持之以恒，孔子的学识水平，用颜渊的话说"仰之弥高，钻之弥坚。瞻之在前，忽焉在后"。作为教师，他的教学可谓"资之深，则取之左右逢其源"（孟子语）。然而，在上课之前，我们的孔老先生还要——"温故而知新，可以为师矣。"（2.11）

这里的"新"不仅仅指新的知识，更多指新的理解、新的发现、新的感受、新的体验。孔子是在有了这些"新"之后，才敢于"为师"的。同样，我们的备课，不仅仅是写出漂亮的教案，更应是把所教的知识、内容自己先学习、琢磨、体会，融入自己的理解，让知识在自己的精神世界里活起来，成为心中的火炬。教学，就是用自己心中知识的火炬，点燃、照耀学生的心灵和精神。这种教之前的"学"，不是简单地重复熟悉的知识和能力，而是知其所以然、温故而知新、成竹先在胸。在课堂上，如果学生学不会、不会学，教师便束手无策，那么根子就在于教师自己不会学，事先没有学过。只有你自己学过了，会了、懂了，清楚来龙去脉，在学生需要启发、帮助时，你才能给予有效的启发和帮助，真正的教学才能发生。

经典，就是这样跨越时间的。

孔子做了一辈子的老师，他为何如此享受为师的快乐？再想想我们自己，职业的倦怠感经常困扰我们。这种倦怠，除了社会环境、待遇等因素，更源于教师没有把学习当作自觉的行为。

当一个老师不好学，无法从学习中获得快乐时，他的教学很容易陷入乏味和倦怠的状态。假如一个老师对所教的内容有自己真切的感受，有独立的想法、理解和发现，他一定会产生表达的欲望，愿意与学生分享，怎么会不开心、不高兴呢？

"诲人不倦"的前提是"学而不厌"。教学说到底也是一种分享，如果你真的是好学的人，你肯定也是乐教的老师。孔子说"何有于我哉"，孔子对自己的好学特别自信，既然学而不厌，那么诲人不倦又有何难？

教师的读书、学习，不仅是为了充实丰富自己，也是为了克服职业倦怠，达到"诲人不倦"的目的。向孔子学习，首先学习做一个学习者——先学者、会学者、善学者、好学者、乐学者。（本文所引用《论语》章句，均见杨伯峻先生的《论语译注》）

（作者单位系江苏省兴化市教研室）
（本文原载于《人民教育》2016年第2期）

教师为什么要有专业生活

——民国白马湖教师群启示录

周　勇

上世纪20年代，浙江上虞白马湖畔的春晖中学汇集了一群了不起的教师，形成本文所谓的"白马湖教师群"，成员包括夏丏尊、丰子恺、朱自清、朱光潜等。关于这群教师，学界已从"新文学""新教育"等角度作了许多研究，今人因此不难了解这群教师在中国现代文化教育史上的先锋地位与贡献。这的确是一群了不起的中学教师：且不说中国第一份诗歌期刊、现代散文典范等重要的新文化成就均出自他们之手，单提后来他们虽无缘继续在同一所学校里做教师，仍努力办出了中国第一份学生杂志《中学生》，便足以令人肃然起敬。

除了令人钦佩、感慨当年基层教师卓越的文化教育革新表现外，这群教师显然还可以为反思、优化近十年兴起的由"教育专家"主导的"教师专业发展"运动提供历史参照。不过就这群教师而言，本文真正感兴趣的既不是他们有过多少文化与教育革新成就，也不是他们的奋斗经历能为我们提供何种更有意义的"教师专业发展"路径，而是他们在白马湖畔聚集以来，有过什么样的专业生活，他们为何把自己的那些专业生活看得那么重，以至即使不算"工作量"，也要勉力为之。

夏丏尊：因为觉得自己做得还不够好

这群教师中，夏丏尊最早来到白马湖畔的春晖中学，时为 1922 年春。那年，夏丏尊 36 岁，教龄 15 年，堪称涉世已深。然而他的性情一点也没变，仍像当初那样朴实和蔼、任劳任怨，年轻时的社会理想与忧患意识同样没有褪去——"看见世间的一切不快、不安、不真、不善、不美的状态，他都要皱眉"（丰子恺语）。他自 21 岁做教师以来的种种专业生活，从自学宋明理学增强自身修养与忍耐力，到做训导主任时，无论捣蛋学生怎么挑衅，都不放弃教育，皆是为了将学生引向真善美的人格。

推崇人格教育的校长经亨颐一直信任夏丏尊，春晖学子也很快知道，严厉、不妥协的夏先生性情其实十分温和，且真心为他们操劳，为他们好，许多学生因此称他为"妈妈"。按理说，这样一位好老师仅凭经验或习惯，就可以做好教育了，然而夏丏尊教完国文课，仍想多做点，或者想着怎么把工作做得更好些，让春晖学子乃至全国学子通过他的努力，可以多接受一点真善美的文化熏陶。于是他不仅用心为校刊《春晖》写东西，还开始翻译 19 世纪意大利诗人亚米契斯的文学作品《爱的教育》。

一个国文教师忙完教学和各种杂事后，还要跨越专业，去翻译西方文学，这在民国教育界恐怕也不多见。在南北军阀混战的年代，夏丏尊为何给自己强加这种吃力且不一定讨好的专业生活？答案就在于《爱的教育》深深打动了夏丏尊，使他觉得自己做得还不够好，他以及全天下的父母、教师还可以为儿童提供更好的教育。如他所言："我在家中早已是二子二女的父亲，在教育界是执过十余年教鞭的教师。平日为人为父为师的态度，读了这书，好像丑女见了美人，自己难堪起来，不觉惭愧了流泪。"

正是真诚的感动促使夏丏尊忙完一堆事情后，仍要用心翻译《爱的教育》，"介绍给与儿童教育有关的做教师做父亲的人们，叫大家也流些惭愧或感激之泪"。1924 年，《爱的教育》在上海出版。不知道当时"做教师做父亲的人"看了后是否会留下"惭愧或感激之泪"，但这本书的确是一种当时所没有并且蕴含真善美的"新文学"。夏丏尊不辞辛劳翻译它，不考虑有何回报，也足以表明，他所做的一切专业努力都是为了让学生得到更多更好的文化熏陶，养成真善美的人格。

由此想起，夏丏尊课余还做过一项课题，名曰"叫学生在课外读什么书"。如此通俗的课题名放在今天怕是立不了项，不过表达构思时，夏丏尊确实不需要什么专业术语，他只是想从自己读过的中外名著中，精选出一份书单献给学生，包括《民约论》《物种起源》《共产党宣言》《工人绥惠略夫》《呐喊》《爱罗先珂童话》等。这些书都符合他的国文或文学课程标准：把真心装到口舌中去。由此还想起，放学时，这位"妈妈"教师常常站在校门口，挥手叮嘱学生，不要贪玩啊，早点回家啊。

从翻译《爱的教育》，到做课外阅读课题，再到放学时像妈妈一样目送学子，此外还有为了上好国文课，认真研究古今中外的文章，这些都是夏丏尊白马湖畔的专业生活。真可谓一言一行皆是为了将拳拳爱心献给学生，让学生获得真善美的文化熏陶与人格教育。更令人欣慰的是，在白马湖畔，夏丏尊并不孤独，在他的联络下，一群文化教育理想相近的教师陆续来到了白马湖。先是丰子恺，然后是刘延陵、匡互生、朱光潜、朱自清。白马湖畔的教师岁月和专业生活因此成为这群教师的集体记忆。

丰子恺：为了证明艺术的美学内涵和教育价值

夏丏尊来春晖后没多久，便把丰子恺拉来一起做教师。当时丰子恺24岁。此前，丰子恺除在日本学了一年美术外，只在上海做过一阵子图画教师，但他十分热爱艺术，为人也和夏丏尊一样诚恳谦虚。学生很快便喜欢上了他的美术课、音乐课和英语课。春晖学子似乎从未见过如此热爱艺术的老师，无论是课堂上，还是在课外，都可以看到丰子恺对于艺术的痴迷，仿佛他的专业生活乃至整个日常生活都是围绕艺术而展开的，艺术生活就是其专业生活的中心内容。

确实如此，课堂上，他向学生讲述自己的艺术发现，课后则孜孜不倦地研究中西艺术理论与作品。这使得他有太多的艺术发现要与学生、同事分享，所以上完课，他还会另找场地，给学生开设文学艺术讲座，并把演讲内容整理成通俗易懂的文章,发表在夏丏尊主持的校刊《春晖》上。甚至在中秋赏月晚会上,他也要发表关于贝多芬的演讲,向学生传授音乐史知识,教学生欣赏古典音乐名作。

由艺术理论与艺术史研究构成的课内外专业生活本已十分丰富,然而这些仍不能让痴迷艺术的丰子恺感到满足。就像夏丏尊为春晖乃至全国学生贡献了《爱的教育》,丰子恺也想通过自己的努力,为春晖及全国学生奉献一种崭新的艺术作品。于是他开始尝试用毛笔创作漫画,并逐渐练成一套风格独特的艺术手法,来描绘儿童情趣、学生生活、山水意境和社会现实。1924年年底,他从自己的画作中,挑了一幅《无言独上西楼,月如钩》,并将它公开发表,丰子恺由此一夜成名。

相比于成名,更值得关注的是这一点:在白马湖畔,专业生活本已十分丰富的丰子恺找到了令自己最满意的专业生活,那便是创作简洁传神、意境深远的漫画。那么,这位乡村中学美术教师为何如此痴迷于艺术呢?做了那么多的艺术理论与艺术史研究,还觉得不够,还要埋头从事艺术创作?答案十分简单,丰子恺是个以美术和美育为本业的教师,他说:"向来的教育,偏重在真善,忘却了美。就是重视知识和道德,看轻美育。"

民国初期,美育及美术教师的确毫无地位可言。即使德高望重的蔡元培先生主持大局,也无法改变社会及一般教师对于美术的轻视。亦曾做过美术老师的鲁迅更是因为不堪冷遇,直骂轻视美育的人都是猪猡。然而就是在这种备受歧视的冷漠环境中,丰子恺硬是依靠自己的艺术研究与创作,闯出了一条美育道路。这一路闯下来,除了需要坚定的美育理想作支撑外,显然还要有一股不服输的劲头,但更重要的也许还是丰子恺的专业生活。如果不致力于艺术研究与艺术创作,一味空喊美育理想,丰子恺拿什么去反抗当时的冷漠,拿什么在漠视艺术的人面前,证明艺术具有值得重视的美学内涵与教育价值?

当然,也不能忘记那群聚集在白马湖畔的教师,他们的真心欣赏和鼓励为丰子恺开辟美育道路提供了不可或缺的支持,使得他更加无法放弃自己的专业生活与美育努力。夏丏尊喜欢他的漫画,朱光潜也喜欢,他们都期待看到丰子恺画出更多更好的作品。他们还把校刊栏目题图交给丰子恺,校刊半月出一期,因此他们和春晖学子常可以看到丰子恺的画作。如此一来,他们也必须相应拿出美好的新文化成果来与丰子恺达成唱和之乐,所以夏丏尊会更加用心地翻译《爱的教育》,朱光潜则跑到中西方古典艺术世界里寻找美学,并于1924年冬完成生平第一篇美学论文《无言之美》。

朱自清:倾心与同仁相互唱和的教育氛围

最后一个被夏丏尊拉来的朱自清同样喜欢丰子恺的漫画,朱自清来到白马湖后,会有什么样的专业生活,是否也曾为夏丏尊、丰子恺等同仁及春晖学子奉上某些新文化?时为1924年春,26岁的朱自清从位于宁波的浙江省立四中来到了春晖中学。刚出车站,他便被白马湖一带的山光水色吸引住了。到校后,白马湖教师群成员之一的刘熏宇把他在湖边盖的另一所房子让给朱自清住。隔壁便是夏丏尊的"平屋",中间只有一行矮墙,四周尽是夏丏尊精心栽种的花木。

一群教师都喜欢到夏丏尊家聚会,谈文学、艺术和教育。一个月后,朱自清在校刊上发表了《春晖的一月》,其中说"春晖的师生"给了他"两件礼物"。一是"无论何时,都可以自由说话;一切事物,常常通力合作"。"第二件礼物是真诚,一致的真诚。"因为可以真诚畅谈,朱自清很快就深刻理解了夏丏尊、丰子恺等人的教育理想,并与他们形成了默契的教学分工与合作。他在校刊上发表《教育的信仰》等"教育学"论文,把夏丏尊等人无暇注意的上佳文学作品选入国文课堂。这些都表明朱自清来春晖后,迅速形成了可与同仁相互唱和的专业生活。

唱和之余,朱自清还为同仁及春晖学子送去了两件礼物:一是新诗,一是现代散文。他还联系了和商务印书馆关系甚密的好友俞平伯,创办了《我们》月刊,白马湖畔的新文化与新教育氛围因此变得更加浓烈。可惜好景总是不长。第二年,校方人事发生变动,接着校内新旧两派的较量也公开化了,这群不服输的教师随之纷纷离开春晖。在地理层面,白马湖教师群算是散了。但在文化教育层面,这群教师并没有散。他们先是创办上海立达学园,接着又经营开明书店,创办《中学生》杂志。如夏丏尊所言,这是他们为全国学生开设的"第二课堂",其文化容量与教育效果甚至比学校里的"第一课堂"还要大。到底是一群不肯认输的教师,无论环境如何改变,都会努力践行自己的专业生活与教育理想。即使后来遇到野蛮无比的"日本宪兵"和"美帝国主义",他们也不曾失却自己的书生本色和集体尊严。

(作者单位系华东师范大学教育高等研究院)

(本文原载于《人民教育》2014年第17期)

我的小学老师

于永正

一拿起笔,我的小学老师就一一浮现在我的脑际,清晰、真切,一如 60 多年前。

一

最难忘的张敬斋老师是我初小的老师,即 1—4 年级的老师,教我们语文、音乐、美术和体育。

难忘张老师的微笑。1947 年,张老师刚到我们山东莱阳徐家夼初级小学时,不过十八九岁。瘦高挑儿,大眼睛,尖下颏,留着分头,一天到晚乐呵呵的。他目光敏锐、亲切、热情,总是笑着和我们说话。四年中,我只见他发过一次脾气。升入四年级时,由于班长"执法过度",上自习课时推搡了一位同学,张老师批评了他,班长的脸涨得通红,犟了一句,张老师斥责道:"你身为班长,怎么可以这样呢?"片刻,张老师叹了口气,拍拍班长的肩,转身走了。四年,我只见张老师发过这一次短暂的脾气;四年,微笑只离开过他的脸 5 分钟。

难忘张老师教我们写字。张老师写得一手漂亮的柳体字,还能写美术字。升入三年级,我们每天上午最后一节课是写字课。先是仿写,张老师给每个人写一张字,每张 12 个,让我们把纸蒙在上面描。也不过描三四次吧,老师写的字就被洇模糊了,张老师就再给我们写一张。张老师不厌其烦地写，我们不厌其烦地描，一描描了一年。升入四年级，开始临帖，每天照着字帖写 12 个字。张老师喜欢柳体，我们临的都是柳公权的《玄秘塔碑帖》，一临又是一年。

写得好的字，张老师画个红圈，特别好的，则画双圈。我们每天为"红圈"而奋斗。作为孩子，学习动力就是这么简单。我的写字兴趣是被张老师的"红圈"激发出来的。张老师的"红圈"吸引我步入书法艺术的殿堂。至今，我还能回味出儿时研墨散发出来的墨香，"非人磨墨墨磨人"。且不说写字的过程让我获得的其他养分，在我的生活里，在我的精神世界里，我至少多了一方完全属于自己的天地。无论是欣赏古今书法家的作品，还是自己挥毫泼墨，都是一种精神上的享受。这种感觉不可言喻。这也是我当了老师后，之所以重视写字、希望学生能写一手好字的原因。

说到红圈圈，我又想起了张老师在我作文簿上画的一条条红色波浪线。那醒目的波浪线，永远铭刻在我的脑海里。张老师很重视作文教学，每周一篇，我们用小楷笔竖写，张老师用朱笔批改，有眉批，有总批。老师用毛笔画的竖波浪线一顿一顿的，非常好看，有时几乎画满了全篇。如果说，我的写字兴趣是被张老师的红圈圈激发出来的，那么我的作文兴趣则是被张老师的红波浪线激发出来的。我当了老师后，深知波浪线的作用，也就从不吝啬红墨水了。

有一年放寒假前，张老师为考试成绩好的同学画奖状（给多少同学画，记不清了），我的奖状上画了一只蹲在树枝上展翅欲飞的小鸟，旁边写了一句勉励的话。我回到家就临摹那只小鸟，居然画得很像。没想到，竟从此喜欢上画画了。那时的美术课没有教材，张老师叫大家"随便画"。画自己感兴趣的内容，越画越爱画。那时没有家庭作业，我的课余时间几乎全用来画画和拉京胡了。而今，我们的学生有多少能根据自己的兴趣，有选择地学习？没有兴趣的学习叫"应付"，被动学习很难出天才。

忘不了张老师的音乐课。音乐课上，张老师教我们唱《志愿军战歌》《歌唱祖国》《嗨啦啦啦啦》（一首关于抗美援朝的儿童歌曲）。能教的歌儿教完了，张老师便教我们拉京胡、唱京戏。后来发现我有小嗓（假嗓），又因材施教，单教我一段《汾河湾》中柳迎春唱的"儿的父去投军无音信"。

张老师应该是新中国把器乐演奏引入音乐课的第一人——1950年在音乐课上就教我们拉京胡，不是第一人吗？

张老师还教我们打锣鼓。"胶东秧歌锣鼓"热烈欢快、振奋人心，我们打得酣畅淋漓、如痴如醉。节假日，张老师带领我们敲锣打鼓去附近村庄宣传抗美援朝。我除了打锣鼓，还演活报剧。我演过李承晚（剧本是张老师编的），至今还记得其中的台词："我叫李承晚，南朝鲜，我来坐江山。我的江山坐不稳，认了个干爹杜鲁门……"

没有艺术的教育，是残缺的教育。艺术教育也不只是教唱歌、教画画儿。

那时农村条件差，学校只有一个空荡荡的操场。张老师亲自为我们挖了一个大沙坑。体育课上，张老师教我们跳高、跳远。至今，张老师那"剪式跳高"的身影还留在我的脑海里。

课间，沙坑成了男生的摔跤场。张老师常常站在旁边笑眯眯地看，有时还教我们一手。我的摔跤本领就是在沙坑里，在富水河畔的沙滩上练出来的。"文革"时，有个到小学"造反"的大块头儿中学生，挥着拳头向我冲来，被我摔倒在校门口。那男生像《水浒传》里的"洪教头"似的爬起来，头也不抬，悻悻地走了。

就我所知，那时农村小学没有体育课，张老师是凭着他的直觉和爱好，自己开发的。我和同学津津乐道的还有张老师带领我们游泳、给梨树掐花、慰问军属、拾粪（即牲畜的粪便）等活动。

说到拾粪，现在还脸红。"庄稼一枝花，全靠粪当家。"升入四年级，张老师要求我们每天早晨背着粪箕拾粪，然后背到学校，在校门口一字摆开"展览"。晨读后，再把粪背回家（那时我们每天先到校晨读，晨读后回家吃早饭，饭后再回校上课）。一年中，我只拾到过一次牛粪，其余的都是挖河里的淤泥充数。张老师说："淤泥也是好肥料！"

什么是素质教育？素质教育就是教师素质的教育，即教师有什么样的素质，就会有什么样的教育。张老师是凭着他的品格、热情、认识、直觉和悟性来从事教育的。我断定张老师那时没有系统学习过教育学、心理学，更不知何谓"素质教育"，他是凭着出众的才华、渊博的知识和广泛的爱好来从事教育并影响着他的学生的。

非常庆幸，在我刚跨进校门的时候，遇到了张敬斋老师。张老师对我的影响是广泛而深远的。

二

升入五年级，有了地理课。教地理的是徐国芳老师。徐老师快 50 岁了，头发梳理得极为规整，分向左右的头发从来都是服服帖帖的，没有一根张牙舞爪脱离集体的。他嘴巴上翘，行动稳健，说话轻松。徐老师好脾气，从来都是笑眯眯的。

20 世纪 50 年代初的小学《中国地理》课本是分省编的，即一个省一课。徐老师上课时，边画地图边讲。譬如讲我们山东省，他边画边说："我们山东省像一头蹲下的大骆驼，头伸进渤海和黄海里，它的头就叫胶东半岛。"这句话讲完，山东的轮廓也就出现在黑板上了。我们异口同声地说："哇！真像骆驼！"然后，徐老师又标出省会济南和其他大城市，自然少不了我们烟台，顺便又标出了我们莱阳（课本中的山东地图并没标上莱阳）。接着画铁路，画泰山山脉，再讲物产，最后讲邻省和濒临的海。讲到"烟台苹果莱阳梨，肥城蜜桃大如拳，乐陵小枣甜如蜜"时，我们都很自豪。紧接着，徐老师又加了一句："烟台苹果莱阳梨，不如潍坊萝卜皮。"我们都大叫："吹牛！萝卜皮有什么好吃的？"徐老师说："潍坊也是咱们山东的，那里的萝卜确实好吃。"说完，他又在地图上标出了潍坊所在的位置，我们又高兴起来。

我看到山东半岛"伸"进大海里，十分担心地向徐老师提了个问题："老师，咱们山东半岛要是'断'了，我们不就掉进大海里了吗？"徐老师嘿嘿一笑，道："半岛可不是漂浮在海面上的，你这不是杞人忧天吗？"

徐老师的地理作业"千篇一律"——画地图。第一课讲全国行政区，就叫我们画全国地图，以后每教一个省，就画一个省。我有绘画的基础，每个省都能画得很像书上的地图，经常得到徐老师的夸赞。我的同桌孙绍君画得潦草，他画的山东地图活像一个不规整的梨，徐老师却说："不错，不错，有点儿意思就行。"徐老师的口头禅是"有毛就是鸡"。孙绍君写的大字，笔画粗，同时担任我们五、六年级书法课的徐老师却说："孙绍君的字有颜体的味道。"常常在他写的某一笔、某一画上画个小红圈儿。圈儿虽然小，却让绍君每次写字都全力以赴。当了老师后，我明白了，不是徐老师要求不严格，这叫"尊重差异""因材施教"。之后我当了老师，也学会了在学生写的字的某一笔、某一画上画红圈，也能在每个后进生身上找到闪光点。

学完了中国地理，画完了中国地图和各省地图，祖国就镌刻在我心中，永不磨灭。到中学读《世界地理》时，我依然保留着画地图的习惯，画完了五洲四海，世界就在我心里了。

画地图让我养成了看地图的习惯。每当我站在中国地图前，徐国芳老师和善的面容就会浮现在我的眼前，耳畔就会响起他那天真又爽朗的、"嘿嘿"的笑声。

三

我的小学男老师名字有些女性化。和徐国芳老师一样，白晓云老师也是男性。白老师姓白，人和他的姓一样，也白。他穿着整洁，爱戴一顶蓝色"解放帽"，而且帽檐是"黑化学"的（一种黑塑料，在当时非常时髦）。

白老师教我们历史。每讲一课，他就让我们看课后的思考题。"第一个问题怎么回答呢？"白老师问，然后引领我们画出书上有关的句子。我们把这些看似零散的句子连起来一读，居然通顺、完整。个别连接不好的地方，白老师会给我们添加几个词语，说："这就是第一题的答案。"依此类推，把课后问题的答案，都在书上圈画出来了。一篇长文，我们只需记住其中十来句即可。就这样一课课地画下去，让我学会了读书要善于抓要点、重点。白老师从不布置书面作业，复习时，只是要求我们熟读每课圈画的句子。期中、期末考试，我们的历史成绩都很优秀。我们对于学历史感到非常轻松。

读中学和师范的时候，我把这个方法迁移到所有学科。期末复习时，我先把各科课本通读一遍，边读边用红笔圈画出每课的重点、要点（好多地方平时就画了，但用的不是红笔）。复习第二遍、第三遍、第四遍的时候，我只读并记住我画的重点、要点，既省时又省力。每次考试，各科都得高分，95%以上的考试内容都在我的圈画之中。在初中和师范，我都是"三好"学生。

1977年，我到徐州党校学习马克思主义哲学、政治经济学，每次考试，同班的大学本科生都考不过我。这得益于白老师教给我的读书方法。我能把厚书读薄，同样也能把薄书读厚。

白老师让我懂得了什么叫"授之以渔"。

四

王其欣老师高高的，瘦瘦的，和白老师相反，他的皮肤黝黑。他是校长，兼上我们的自然课和美术课。

我们从不称他为校长，都称他为"老师"。对此，他很高兴。他常说："我不是称职的美术老师，我不会画画儿。"他常用"蜀中无大将，廖化作先锋"和"滥竽充数"来自我解嘲。

但王老师善于激励。他的办法是让我们的画儿"上墙"——一进校门的过道两边的"学习园地"上，贴满了我们画的画和写的大字。每期都有我画的人物、动物，还有京剧脸谱儿。

王老师经常站在"学习园地"前欣赏我们的字、画，连声赞叹："好，好！"他那像欣赏心爱的宝贝似的眼神，永远定格在我的记忆里，永远让我感动。

小学毕业，我到了徐州。王老师还亲自给我父亲写信，说我有绘画天赋，建议将来读美术学院。这让我深受鼓舞，立志长大当画家。

读中学时，我"移情别恋"，想当一名作家。但几十年来，业余时间我仍不时挥笔作画，自得其乐。得意之中，总会想到瘦瘦高高的王其欣老师，想到他对我们儿时的欣赏与鼓励。人如其名，名如其人。王其欣老师让我学会了欣赏学生。

往事如昨，历历在目，一切是那么清晰、亲切，一如60多年前。

岁月无情。如今，四位老师都走了。倘若他们健在——

我一定会为老师们双手呈上我的新作——《做一个学生喜欢的老师——我的为师之道》，请老师批阅；我一定会为他们清唱一段《汾河湾》中的"儿的父去投军无音信"，再次请老师指正；我一定会为他们画几幅京剧脸谱，博老师一笑；我一定会为他们挥毫书写"师恩永沐"四个大字，以表达我对老师们的谢意与敬意……

（本文原载于《人民教育》2016年第6期）

培养一代雄健的国民，要有三五代教师持续站立的姿态

吴　非

听到铃声，我还是习惯地看看表，想着这是第几节课，是预备铃还是上课铃，别迟到了。

其实，我是不会迟到的，我已经退休好几年了。偶尔学校会请我给学生讲个话，有时走在路上，会有学生认出我，惊喜地喊"老师好"。我对青年同事说，正常情况下，从大学毕业到退休，一名教师的职业生涯只有30多年，不要觉得漫长，总共只能上一两万节课，你要慢慢地享受，慢慢地。算上插队期间当过两年代课教师，我实际教龄只有31年。青年教师比我幸运，很多人可以在讲台上站40年，他们会有更多美好的记忆。

当你的心静下来，成为一个观察者和倾听者时，
就会觉得周围的一切妙不可言

1973年，在"文革"的绝望中，有位赋闲的忘年交说：你还年轻，不要荒废，你去学天文，或者去读历史，然后就知道该怎样活了。这话有禅意，但意思不复杂。我明白，他是教我通达乐观：学天文，在星空下，一个人能认识到自己的渺小；读历史，想象沧海桑田，必然感受到人生的短暂，然后不骄不躁，不生狂病，认认真真地做成一点小事。

40多年前的谈话，影响了我，令我思考自己能做些什么，不该做什么，思考什么事值得用一生去尝试。1977年考大学时，我三个志愿全填

了师范。入学后，多次听到老师表扬"专业思想牢固"，不解其意。到中学工作几年后，当年的大学老师告知：其实你的高考成绩可以报更好的学校。虽然当年考试成绩对考生保密很荒谬，可是志愿是我自己填的，和考分无关，我在选择适合的职业。填报了这个志愿，我就去做了，最后也从这个职业上退休，这说明当初对自己的判断是准确的，我实践了自己的志愿——把一件事做到底。我毕业后分配到南师大附中，直到从这里退休，也被人莫名其妙地表扬，说"不容易啊"！可是，无数中国人不都是这样，世世代代在一块地里耕作吗？

总有一件事需要我去做，而且我能把它做好。有几回，在公开场合，大概是有些疲惫，同时在讲话中对教育现状表示忧虑，于是有同行叹息，称我明知不可为而为之，刻苦钻研无私奉献而屡屡碰壁云云。其实又是误会：我从没"奉献"，从不"刻苦"，也谈不上"坚守"——我选择自己的生活，我在做自己感兴趣的事。只是有时感到有些力不从心，累；累了，我就放下手上的事，去想；想多了，也会累，但如果不想，心里就空了。有人认为"空"即是好，我看未必，没有了灵魂，就会知道躯壳有多么轻。

因为职业生命中有热爱，因为发现了趣味，我就是这样站在讲台上，一节课一节课地感受快乐，也时不时地有些忧伤。然而，这就是生活啊。曾有人问，为什么你能忍受简单重复的工作？我当时并没有感到我的教学工作是"简单重复"，更不是"忍受"，我每教一遍课文，都能有新的发现，而每次面对不同的学生，我也会想：如果我仍然用以前的教学设计，这些学生会不会有独特的表现？

人们发现并遵从常识的道路多漫长啊！回顾自己的经历，我想，如果当初就能明白那些规律就好了，如果当初社会能再开放一些就好了。但是，在当时的条件下，我们已经做得很不错了，因为我们当时就感受到了职业乐趣。每天在学校，和老师学生在一起，都能发现有价值的事，这些事不断地启发我。当你的心静下来，成为一个观察者和倾听者时，就会觉得周围的一切妙不可言。

多年前，有学生在作文中写道："'独生子女'曾像一张孤独恐惧的标签，贴在我身上，但一年来，我一下子像是有了几十个兄弟姐妹……"

他或许是在冲动之下写出来的，但他的话感动了我。后来我在很多班集体都说过，随着岁月流逝，你们会珍惜青春时代的友情，而会忘却所谓的竞争和名次。

毕业班常有"倒计时牌"，这无聊无趣的设计风靡全国。我的同事去听高三复习课，有位学生发言谈"倒计时牌"，与大部分同学以"倒计时"激励自警不同，那位学生说自己的伤感，因为"和老师和同学们在一起的时间只剩几十天了"！听到她的述说，我也热泪盈眶。想当年，有学生在高考前一天把教室打扫得干干净净，轻轻地说："再见，亲爱的教室……"

如果教师不"知趣"，则会常有倦怠感。听同行发厌倦之语，我不奇怪，任何职业都可能有倦怠期。但我不相信一名教师从没感受过教学的快乐，和学生在一起怎么会没乐趣呢？那些泡在麻将桌边的人不知老之将至，那些饮酒者一餐竟日，而和一群活生生的学生在一起，互相倾听，教学相长，渐入佳境，怎么反不如打牌、喝酒？一些同行热衷应酬，送往迎来不以为苦，一谈到教学就叫苦嫌累。我想，也许各有各的乐趣吧。只有发现了职业乐趣才有可能"敬业"，不能想象一个人会认真地去做自己讨厌的事。

学生在基础教育阶段，会有60—90位不同年段、不同学科的教师教过他，每位教师的工作在人成长中所起的作用是有限的。学生学语文共12年，其中高中阶段一年或三年由我执教，我未必有能力影响他的人生道路，也很难对他的语文习惯养成起决定性作用，但我不能因为个人作用微不足道就无所作为，同样，我不会因为这些工作有可能被视为"例行的重复"而放弃寻找乐趣。

"兴趣是学习的动力"，这是教育常识；同理，"热爱"也应当是教师的职业动力。虽然各有所爱，但随着时间流逝，人们会越来越清楚地发现，真正有价值的是对职业品质的认识。物质诱惑往往只能维持一时，这类诱惑会令人失去自我。教育界诱惑也多，我不得不经常割席，但又不得不经常妥协，否则就成孤家寡人；当我发现学生的学习开始功利化、人生观也社会化时，我只能告诫自己："能做多少是多少""能守一步就不后退"。生活在人群中，我无法摆脱世事缠绕，但我记得自己的"志愿"。

母亲去世后，我回校上班，走进教室，同学们向我致意。我对他们说：

"母亲认为我从小性急,一直怀疑我能不能成为一个好教师,为了让她放心,我一直在努力。"我不知学生能否记住我的话,但我一直记得母亲对教师荣誉的爱护。

学生记住了那些正确的话,证实我们先前的努力没有白费

初上讲台时的激情,至今仍感到有意思。当时承担那么繁重的工作,读了好多书,还能腾出时间去挑战陈腐的教育观,几乎没空闲,年轻真好!我和同事经常互相激励:这件事,如果我们不去做,可能就没有人做了,我们来做吧。上世纪80年代没有奖金,但有洪波涌起的思想启蒙,可以大口大口地呼吸新鲜空气,那时在学校遇上不理解的事就直说,无所畏惧地批评领导:"育人目标不要搞假大空""你们班子的决策是错的"。那时很多老师都能公开质疑,比如:凭什么要在总结上写"在局领导和校领导的关怀和指导下"?没这回事呀,明明是老师们的智慧,大家克服困难摸索做成的,要不我们哪里有乐趣?我们不是受操纵的机器人,不是可以随意拧来拧去的螺丝钉。

社会尊重有积极进取心、有理想的人,人们考虑问题就不会太复杂,克服困难的勇气也比较强。然而,很多事也让我困惑:那些本来简单的教育常识,为什么在中国社会环境中,会逐渐被歪曲得繁复暧昧,遥不可及?为什么一名教师不能有自己的思想?同样的问题,无数教师都看到了,为什么不敢发出自己的声音?跪着读书,跪着听旨,跪着教书,教育怎么可能立人?

有激情是因为有理想,有梦。没有理想,没有梦,可能很难面对那么繁重的工作。上世纪90年代,有次在外地参加某报座谈会,我谈了自己的职业观,第二天有人告诉我,说某作家称我是"末代理想主义者"。我没想到自己以40出头的年纪就能成"末代"。当时我说:她可能是开开玩笑的,作为从事文学创作的人,她也是有理想,有梦的。又是20年过去了,我们仍会看到很多青年带着理想,带着梦在生活。教师面对少年儿童,面对青年,他们每天在看着我们,如果一群有梦的学生遇上了无梦的教师,这代

人还会有明天吗?

　　恒久的理想,要有理性支撑。教师最好的职业状态,是既能保持教学激情,又能理性地看待教育对人的作用。从教七八年后,我开始深入关注一些事,也许是有了一些观察的经验,特别是自己教过的学生走上社会后,启发了我的深度思考。面对学生的种种表现,我会想,他(她)离开学校后会是什么样的?我从他们的性格习惯,从他们对人和事的态度上,推测未来;我从种种教育细节上,发现了书本上没有的知识。我学会理性地分析自己的教学,我想到,我和学生的共同课堂,应当由我们"做主";教科书的设计未必完全适合我们,专家的观点未必正确;课堂的生命活动,教育学教科书上没有描述,教师则能感受到那样的灵动;我的课,必须有"我",对学生而言,也必须有他的那个"我"……在这日复一日平凡的教学中,勤于思考的教师总会有自己的体验和发现。这样的经验,书本没有阐述,而它却具有独特价值,特别是在面对具体的人和事时,常常会成为教师的教育本能,"素养"和"风格"往往也是这样形成的。教师在从事一般人所认为的"简单重复"的工作中,能发现一般人忽略的常识和常理。对一个个具体的学生而言,他的实践具有独特的魅力,无可替代,从这个意义上而言,每节课都将是独一无二的,都是崭新的。

　　学生回忆中学时代,他们的记忆让我对教育的观察思考逐渐变得清晰。一些学生提及我常说的一句话:"人生很多事,20年过去,一朵小浪花。"这句话不是我的发明,只是我常说,影响了学生,让他们面对困难和挫折时能豁达、从容。我由此想到,很多说教其实没用,能让学生铭记的,往往是教师自身对待事物的思想和态度。

　　我是从精神饥荒的年代熬过来的,总渴望能多读点书,面前该读的书太多了,而我的阅读总是少得那么可怜。我读书比较杂,大部分是教育教学之外的书,但在阅读时我没忘记自己的职业。取法乎上,视野开阔了,反观教育教学现状,常有顿悟,很多教学上的智慧,就是人们从社会生活中获得的启示,就是依据常识常理的课堂表达。教师有职业追求,也有个人的精神世界,我从二者的联系中观察学校发生的教育,往往能看到更多有趣的事物。

课堂上发生了多少令人难忘的事！近两年，我在思考"课堂上究竟发生了什么"，回顾自己的课堂，写了一些笔记。课堂上发生的事，只有浸润其间，沉潜于教学中的人才会发现趣味。比如，教学中总有"买椟还珠"的现象，你以为学生记住的是知识，可是他们记住的却是教师无意间的某个思路，这个思路给他重要的启示；教科书的教学设计未必适合你的学生，教师量体裁衣式的自行开发，才是最有用的教科书；课堂提问，学生答错了，但有时答错了反而更美，我会惊讶地赞叹，学生从我的神态中获得了更多的启示，而在我不过是本能的反应。

我越来越强烈地感到，爱因斯坦所说的教育要培育"和谐的人"是多么富有理性，也越来越发现教育的人道精神对教师的职业实践是多么重要。时下社会很在意教育的"含金量"，具体到教学，体现为分数至上，即"含分量"；学生走出校门，缺乏社会责任感，是非观念淡漠，则是"含人量"不高。能指望一名没有趣味、没有理想的人有创造的激情吗？我强烈感受到，要办对民族未来负责的教育，也要办对教师的职业生命负责的教育。教育原则被歪曲，教育必然失去价值，教师的职业观也会错乱。

2013年我参加了1993届学生毕业20年纪念会，有学生说，当年上课的时候，老师拿着一本词典，感慨地说："我中文系出身，还有这么多字不认识，怎么敢不学？"这话让他时时想起，手不释卷。另有学生问大家，是否记得进高中后第一次作文的题目。他说，老师在黑板上写下了四个大字——从夏到秋，"从那天起，我第一次有了沧桑感，每年我都会想，又'从夏到秋'了"。我没想到，自己出的一道作文题能让学生记住20多年。还有学生撰文回忆，30年前读初二时，因为怕写作文跑题而不敢下笔，我告诉他，不要怕跑题，先把你想写的全写下来。他认为这是最实用的写作指导。我说的这句话，教科书上并没有。

我看到，多年后同窗相聚，仍然能在一起憧憬一百年、两百年后，科学技术发展将给人类带来的福祉；他们会为节省一张打印纸而重新设计，他们在聚会时互相提醒不要留下垃圾……

鲁迅说得好："无穷的远方，无数的人们，都和我有关。"学生记住了那些正确的话，证实我们先前的努力没有白费。任何社会的崛起，都得看三五代前人们所作的努力,看当时的教师是怎样工作的。培养一代雄健的国民,要有三五代教师持续站立的姿态。在这个世界上,无论什么职业,一旦被人热爱,就会成为他的宗教,无论在什么样的境遇之下,他都努力地把它做到极致,人类文化和文明就是这样出现的。

很多人崇仰瓦尔登湖边的梭罗,言必称梭罗,他们时时幻想进入那样的澄明之境。他们慕名来到了这个林中小湖,却发现没有什么特别的美,也无法品出诗意,他们想象不出一个孤独的人在这里如何生存,于是他们惊叹梭罗的"不容易"和"坚守"。他们拍了照,过了一会儿,纷纷驾车离开。这里太寂寞了。一百多年前,这里无人知晓,唯其如此,沉静的心,简朴的生活,思考的习惯,熔铸出了"品质"。

2011年6月,我体力不支,决定退休。最后一次课是选修课,谁也没想到,我也没说。我不需要任何仪式——没有哪个农夫会一本正经地在农田里举办退休仪式。我一如既往地上完课,铃声响了,我缓缓地对学生说"下课了",然后我就回家了。

(作者单位系南京师范大学附属中学)

(本文原载于《人民教育》2014年第17期)

第三辑

老师，你为什么不再进步了

"发现教师"就是占领学校发展的制高点

成尚荣

南京市北京东路小学教师队伍建设有了新突破,教师专业发展有了新进展。新突破、新进程聚焦在一个重要的命题上:"发现教师"。"发现教师"既是一个命题,又是一个概念,也是一个法则,同时我期待它会渐渐地发展为一种理论。

教师队伍建设、教师专业发展需要一个个命题,一个命题就是一个方向;需要一个个概念,一个概念就是一种逻辑;需要一些法则,法则既是保障又是引领。而命题、概念、法则很有可能发展、提升为一种理论。正因为此,南京市北京东路小学的"发现教师"具有普遍意义和实践价值。

所谓普遍意义,是基于基本问题的深刻认知和实践操作框架的寻找。基本问题的深刻认知,建构起共同的立意,而共同的立意实质是最大公约数,因而基本问题是根本问题,根本问题的应答与解决当然具有普遍意义。实践操作框架是在对基本问题应答与解决中逐步形成的,它具有共同的要义与规则,可供其他学校借鉴。"发现教师"的普遍意义与实践价值正是为当下教师队伍建设、教师专业发展寻找到最大公约数,搭建起具有基本要义和共同规则的操作框架。如果作些分析、概括的话,其普遍意义和实践价值体现在以下几个方面。

发现：揭示教育的真义

何为教育？圣贤们早就作出了精辟的回答：教育是对学生的唤醒、激励，是思维火炬的点燃，是对学生进步、发展的鼓舞。不难发现，唤醒、点燃、激励、鼓舞的基础与前提是发现，发现的过程同时也是唤醒、点燃、激励、鼓舞的过程，因此发现与唤醒、点燃、激励、鼓舞是同义、等价的，都揭示了教育的本义与真义。

"发现教师"这一概念的核心是发现，即唤醒教师内在发展的需求与潜能，激发教师的信心与勇气，点燃教师的激情与思维，鼓舞教师积极互动地发展。假若我们深入理解，准确把握"发现"，那么教育就回归其本义、提升为真义，教师发展也必将在教育本义、真义上有突破和超越。由此，我们不难发现和理解北京东路小学的教育主张：情智教育。情与智的共生、共长，支撑起一个完整的人。情智教育正是对人发展、对完整人发展深义的发现。发现，正在成为北京东路小学的教育主题，而且成为主线，贯穿于整个教育过程中。"发现教师"正是在这样的境脉中提出来的，是具有普遍意义的。

发现教师：揭开学校发展之真秘

教师在学校发展中的地位，提到任何高度来描述都不过分，因为有什么样的教师就有什么样的课程，就有什么样的课堂，就有什么样的教学质量，最终就有什么样的学生。我曾说过，教师是学校发展的制高点，也许有人会说，制高点当是文化，当是教育哲学。但是，无论是文化还是哲学都是关于人的，是人创造了文化，创立了哲学。而教师在学校里正是文化与哲学的创造者，所以教师是学校发展的制高点并非言过其实。同样，联合国教科文组织等多个组织共同提出"复兴始于教师"，我们是能理解、高度认同的。教师的复兴才使学校、教育复兴。

问题是，如何让教师站到制高点上去呢？其真秘在哪里呢？北京东路小学的回答是：发现教师。"发现教师"告诉我们，教师发展不是被"管"出来的，而是"发现"出来的。这绝不是说教师队伍建设不要"管"，而是怎么理解"管"，"管"什么。"发现教师"让对教师的管理走向对教师的领导，领导的主旨在于对教师的尊重、信任和鼓励，并进行专业指导和支撑。"发现教师"还告诉我们，教师发展也不是被"教"出来的。同样，这绝不意味着对"教"，对教师的培训、辅导的否定，而是说"发现教师"其实是教师发展的"不教之教"。校长孙双金对"发现教师"作了很好的阐释："发现教师"让教师"认识自己"，"发现教师"是教学的艺术和学校领导的智慧。我的理解是，"发现教师"让教师发展更自主、更积极，在发现中发展，这是办好学校、教师队伍建设的真秘。这一真秘所有学校概莫能外。

相信、解放、引领、成就：让熟知成为真知

相信教师、解放教师、引领教师，最终成就教师，这是大家所熟知的。但"熟知非真知"，从熟知到真知有个过程，这个过程对管理者的领导智慧是一个极大挑战。真知，不仅仅是真正知道，而是从根本上予以把握并付诸实践。真知不在口头，而在深刻的认知和深度的实践中，针对认知与实践，孙双金校长归结了九大策略，正是这些策略让熟知成了真知，让真知真正得到实践。

每个策略都有理念智慧的闪光。

《地平线报告》：目标在远方，目标不断后退，但不放弃更不抛弃，永远向前，地平线不在远方，而在教师的内心深处。《地平线报告》是发展动力和发展愿景追求的表达，有了发展动力和发展愿景，还怕不发展吗？

"教师课程"：学校所有课程都要经教师去理解、整合、调适，所有课程都是教师课程。北京东路小学勇敢地提出这一概念，其旨意就是让教师去创造课程，让教师成为课程创造者。

"没有天花板的舞台"：有舞台，即有平台有机会；没有天花板，即没有限制，空间无限大，机会无限多，不仅永远向前，而且要永远向上。只有在舞台上，才会锤炼教学艺术，才会冶炼教学风格，只有在没有天花板

的舞台上，教学主张、教育理念才会自由飞翔，带来无限的未来。

由真知凝练成的策略，其实是一种发展的结构，这一结构具有召唤性、点燃性、解放性。

教师与课程、与课堂、与管理、与生活：
在教师发展的关联元素中寻找新的生长点

学校，离不开课程、课堂、管理；教师，离不开课程、课堂、管理、日常生活。这是教师发展的框架，也是教师发展的基本元素。问题是在同样的框架中，面对基本元素，为什么有的学校教师发展好、发展快，而有的学校却并不理想呢？原因不在框架，而在框架中如何让教师有存在感、获得感、成就感，让"没有天花板的舞台"从虚拟状态变成现实状态。

让我们谈谈这些题目："从模仿到重构：国学课程让教学生命焕发活力""'3D课外阅读'课程：滋养我的阅读后花园""数学绘本：跨界整合成就跨越发展""'娃娃科学课程'：学科共同体的爆发力"……不断地变革、实践，不断地发现自己，不断地创造，不断地超越。"教学主张：给成长插上腾飞的翅膀""变革：一个年轻教师的奔跑与超越"……一个题目就是一个理念，就是一个发展的突破口，就是一个新的生长点，它们都在闪光。这些鲜明的特性，让共同框架成为和而不同的文化气象，教师个性得到发扬，教学风格得以形成。

回应共同的热点问题：转化问题成为教师发展的新起点

小学教师队伍的性别结构失衡，已是一个普遍现象，而且有进一步扩大的趋势，学校不能没有应对制度。但如何对待制度，在物欲不断增强、价值观失序的今天，教师发展的内在动力减弱，"被发展"现象比较普遍；学校规模的扩大，集团化办学的推进，新教师越来越多，新教师如何培养，究竟怎么让他们站稳课堂，以至占领课堂……一个个新问题不断涌来，这些都是普遍现象。面对这些共同问题，我们该怎么办？

教育的热点难题，北京东路小学没有回避，也没有敷衍，而是让这些问题经过转化而得以解决。转化，既是方式，也是策略，是另一种发现。北京东路小学的转化，一是结构的转化——让性别结构转化为优势结果。也许一时改变不了师范招生、教师招考的政策，但可以在性别结构上进行改善，即发挥男教师的优势，把男教师合理地分配到各个年级、各个班去；与此同时，让女教师的优势也转化在学生发展上——耐心、柔韧、精致、品质的培养。二是制度从"冷"到"暖"的转化，让制度温暖起来——教师常带着情感和专业在流动中发展起来。三是教师发展动力，从外在转为内在——心中有条地平线，永远向着诗和远方。四是新教师发展，从职前的受训转向职后的继续学习——学校成为"后师范院校"。这些特征，破解了教师发展中的难题。

北京东路小学"发现教师"的尝试是十分有益的，但我最想说的是他们建构的"12岁以前的语文"。因为"12岁以前的语文"告诉我们所有的发现最重要的是教师的自我发现，所有的发现最终都是为了发现儿童，发展儿童。可以说，"12岁以前的语文"已对"发现教师"作了最具体、最生动的诠释。

（作者系江苏省教育科学研究所原所长）

（本文原载于《人民教育》2016年第13期）

发现教师：揭开学校发展的密码

孙双金

在校长心中，教师永远是第一位的。学校发展最根本的是教师发展，唯有教师发展了，成长了，学生才能得到真正的成长。我当了近 20 年的校长，有一个坚定的信念：教师是学校最宝贵的财富，人是学校的第一生产力，抓住了人的发展就抓住了学校发展的根本和关键。而发现教师，是我校领导、管理教师的共识，正如哲人所说："生活中不是缺少美，而是缺少发现美的眼睛。"江苏省南京市北京东路小学（以下简称"北小"）是如何发现教师、发展教师的呢？

教育即发现

谈到发现教师，首先要回答的问题是：为什么要发现教师？

在希腊德尔菲神庙门楣上，有一句著名的铭言："认识你自己。"苏格拉底将其作为自己哲学原则的宣言。作为万物之灵的人类，在认识自然、认识社会，探索科学真谛的道路上已经走得很远了，但是在认识自己的道路上却举步维艰。因为人是最高级、最复杂的生物，人的心灵成长、大脑发育、思维规律等还有许许多多的盲区、黑箱等着我们去探索、去破译。古人讲"不识庐山真面目，只缘身在此山中"，"当局者迷，旁观者清"。著名画家吴冠中先生说："风格是作者的背影。"这些名家名言都深刻地揭示了一条真理：人的成长需要他人的发现，也需要自我的发现。

作为校长，发展学校是第一要务。可怎样发展学校，却是仁者见仁，智者见智。有的通过砌大楼、买设备，改善外在形象；有的通过创品牌、搞宣传，赢得名声；有的通过抓分数、求升学率，迎合大众。而我们始终认为，发展学校的第一要务是发展教师。没有教师的发展，学生的发展、学校的发展终究是空中楼阁。

学校作为发展共同体、学习共同体，人与人之间的互相发现显得尤为重要。马克思说："人是社会关系的总和。"人在群体中、集体中，互相赞美、互相鼓励、互相欣赏、互相激励、合作竞争，对人的潜能有极大的激发和唤醒作用。教育就是一朵云推动另一朵云，一棵树唤醒另一棵树。教师与学生是如此，校长与教师、教师与教师也是如此。

孔子曰："三人行，必有我师焉！择其善者而从之，其不善者而改之。"陶行知先生也说过："当心你的教鞭下有瓦特，你的冷眼里有牛顿，你的讥笑里有爱迪生。"这两位中国历史上最伟大的教育家的话语，都道出了教育艺术的真理：教育即发现。教师要善于发现学生的潜质，发现学生的特长，发现学生未来可能的优势。我们校长做的也是伯乐的工作，肩负着伯乐的使命，发现每一位教师的潜能，把每一位教师培养成"千里马"，让他们驰骋在人生的万里疆场。

把人性内在的力量唤醒、激发、放大

怎么发现教师？这是对校长智慧的挑战。我们管理团队在多年的探索中，总结出一套行之有效的方法。

首先要相信教师，要相信每一位教师都是优秀的。

"天生我材必有用"，世界上没有两片相同的叶子，也没有两张相同的面孔。优秀不是与他人比较，而是与自己比较。只要找到自己的闪光点，尽情地让自己的光芒闪耀，你就是优秀的。要相信每一个人都是可塑的。人是发展中的人，成长中的人，逐步成熟的人。每一个人都蕴藏着巨大的潜能，都有无限的可能性。一旦得到领导肯定、同事认可、学生信赖，他们就能爆发出巨大的能量，释放出夺目的光彩。要相信每一个人都是向上的。"人之初，性本善"是古训，我们认为"人之初，性向善，性向上"，这是我们的管理哲学和人性判断。因为我们这样认识人，相信每个人都向上、向学，我们在管理中就顺性而为，把教师内在的人性力量唤醒、激发、放大，让每一个人都走在向学、向上的大道上。我们尝试了一些策略：

地平线报告。每三年至五年，我们都要求每位教师撰写个人的《地平线报告》。《地平线报告》的重要一点是规划人生愿景：我的一年地平线在哪里？五年地平线在哪里？十年地平线在哪里？并且在报告中要表达出个人的内在潜力是什么，希望学校提供什么平台。我们在阅读教师报告后，综合分析，因人设岗，充分相信每一位教师，调动每一位教师的潜能。

北小讲坛。"北小讲坛"不仅邀请各地名师来北小献课，各行精英来北小传道，更重要的是让北小有一技之长的老师在讲坛一展身手。有的擅长中医，那就讲养生之道；有的擅长水墨画，那就教水墨技艺；有的擅长烹饪，那就展示厨艺。真正体现能者为师，人人为师。

教师品牌日。在教师个人申报的基础上，学校统筹安排某一天为某位教师教学品牌展示日。这一天这位教师就是学校的聚焦点：有教学思想微报告，有教学风格大课堂，有教学沙龙大家谈，有教育才艺大展示。

其次是解放教师。这里讲一个小故事。

音乐老师查育辉是团队中最年轻的成员之一。2005年刚由高淳应聘到北小的他，很快便接到了一次面向全南京市的优质音乐课展示的任务。执教的课题是音乐欣赏课《听妈妈讲那过去的事情》。这个一向被孩子们戏称为"麻辣教师"的查老师，会给孩子们呈现怎样的一节音乐欣赏课呢？参与活动的每一位老师都充满期待。然而，即便是有了这样的心理期待，当课堂进行到后半段时，查老师的"另类演绎"，仍然让不少老师惊诧不已——

"毫无疑问，这首歌的歌词离咱们城里孩子的生活有些遥远。要不这样，同学们能不能根据自己的生活与理解，重新来为这首歌填词？"大胆而富有创意的建议很快便得到了同学们的积极响应。于是，同学们四人一小组，忘情而投入地参与到歌词新编的活动中来。不一会儿，孩子们即兴编撰的歌词新鲜出炉。听听——"霓虹灯在繁华的都市里闪耀，晚风吹来周杰伦那忧郁的歌声；我们坐在软软的沙发上面，吃冰激凌还看着电视；

我们坐在进口的电脑面前，玩 CS 还听 MP3……"

下课了，面对听课老师的热议与质疑，查老师多少也有些惴惴不安。毕竟，以这样的方式重塑音乐经典，对他而言也只是一种大胆的尝试。然而，随着学校音乐组组长梁老师和分管艺术学科的唐老师一番情真意切的评点，查老师的顾虑很快便烟消云散了。"查老师，这是我们近年来听到的最富有活力与个性的音乐课，真是太棒了！"

在实践中我们深深地体会到，发现教师，尊重是前提，解放才是关键。束缚教师思想的绳索太多，这个不许、那个不准，这样如何能唤醒教师内在的改革愿望，激发其改革热情？那么怎么解放教师呢？我们的思考是：解放教师的思想。《国际歌》中唱道："让思想冲破牢笼。"我们校长鼓励教师大胆尝试，大胆改革，大胆实践。同时，解放教师的时间。教育改革，管理者往往是"加法思维"，不断给老师们增加各种任务，于是一线教师不堪重负，时间一长，改革的热情就逐渐消失。我们学校十分重视"减法思维"，给教师减去不必要的负担，把教师从无效或低效的工作状态中解放出来，去做更有价值和意义的工作。此外，还应解放教师的空间。我们鼓励"我的课堂我做主"，鼓励教师有自己的思想，有自己的个性，有自己的风格。我们尝试的策略有以下几种：

教师课程。我们鼓励每位教师在融合国家课程和校本课程的基础上，创设自己的教师课程。教师课程就是教师个人根据学生素质发展要求，依据个人的文化底蕴、兴趣特长而开发的富有鲜明自我特色的课程，这一举措极大激发了教师的创造性。于是"诗经课程""绘本课程""牙刷课程""读写绘课程"等像雨后春笋般的涌现。

"瘦身运动"。人要精干健康，学校管理也要瘦身，轻装上阵。我们要求"瘦"掉一切不必要的形式主义、面子工程。鼓励教师在备课和批改作业上因人而异，百花齐放。可以在旧教案上二次三次备课，骨干教师可以在教科书上写简案，可以删掉练习册上不必要的练习题，作文批改可以变精批细改为重评轻改，互批互改。

"没有天花板的教室"。这一创意含有两层意思。其一，思想没有边际，创意没有边界，鼓励教师创新课堂教学。其二，我的课堂可以行走，花园是我的课堂，紫金山是我的课堂，玄武湖是我的课堂，大学实验室也可以成为我的课堂。

职业幸福存在于每一天创造性的工作中

发现教师，更需要引领教师前行。

这种引领首先是价值的引领。"为一大事来，做一大事去"是我们对北小教师人生价值观的引领。每个人到人世间走一遭到底为了什么——不仅仅是为了生存，不仅仅是为了享受，更是为了实现自身的价值。

引领还应是专业引领。北小有着朴素的理念：领导者首先要成为领跑者。唐隽菁副校长是德育特级教师，她带领的德育团队频频在省市教学比赛中获奖。张齐华副校长是数学特级教师，他手把手辅导出一批又一批优秀的数学青年教师。我作为语文特级教师，和教科室语文特级教师朱萍主任，带领语文团队阔步走在"12岁以前的语文"的改革道路上。

引领还体现在思维方式上。个性较强的教师因为自信自负，有时失之偏颇和固执，因此我们引导他们学会多角度思考、换位思考、辩证思考。青年教师思维方式往往停留在非彼即此、非白即黑的二元思维模式，在教学研究中，我们就让他们寻求"第三种思维"，除此之外，还有哪些可能？把教师的思维向四面八方打开。

引领更是为人处世的榜样。学校有一部分青年教师离开父母、离开家庭，只身来到省城打拼。他们身边没有了长者的指引和告诫，身心容易陷入低谷，为人处世容易失之偏激。我们管理团队以身作则，与青年教师一起探讨如何处理好人与人的关系，处理好人与自然的关系，处理好人与内心的关系。这种引领帮助他们走向人生和谐安宁的美好境界。

引领教师，我们尝试的具体策略有：

名师模仿秀。这是借外力引领，让每一位教师选择一位自己最崇拜的名师，学他的教育思想，学他的教学艺术，学他的课堂操作流程。等老师觉得自己模仿已近形似乃至神似时，向全校教师展示自己的模仿秀。当然模仿秀是手段，最终是为了超越模仿，成为最好的自己。

同上一堂课。这是用身边的人引领。同上一堂课包含同年级教师同上一堂课，这是同事之间的互相引领。更重要的是校长与教师同上一堂课，特级教师与年轻教师同上一堂课，师父与徒弟同上一堂课。这是专业引领，文化引领，更是精神引领和榜样引领。

团队展示周。这是团队引领。我们针对教研组内老中青三代上教研课，往往会把年轻教师推上前台，而中老年教师缺乏展示和锻炼的机会，学校开设"团队展示周"活动，规定展示周内"老大上课，老二评课"，即年龄最大者上课，年龄居老二者评课。这样让中老年教师也有发光发热的机会和平台。

发现教师，为的是成就每一位教师。

马斯洛的"层次理论"告诉我们，人的最高需求是"自我价值的实现"。当自我人生价值实现，人的内心才能出现所谓的"高峰体验"。教师的人生价值主要体现在人生追求的达成，内在精神的丰盈，社会大众的充分认可与欣赏，教育对象对自己的崇敬与爱戴以及自己教育思想体系的影响力。如果能达到"立德""立功""立荣"的崇高境界，那便是人生的最大价值。

发现教师还要成就教师的职业幸福。教师的职业幸福在哪里？就在每天创造性的工作情境中。我们期待教师每一天都怀有"婴儿的眼光"，每一天都带着"黎明的感觉"走进每一堂课、每一次活动。教师的职业幸福就是创造性地开展每一天的工作，创新是教师内在幸福的不竭源泉。这是我们坚定的信念。

十年磨一剑，成就每一位。正是多年来我们对教师发展孜孜不倦的坚持和追求，学校才呈现了喜人的景象。

近八年里，学校培养出六位特级教师。特级教师陈静的"享受数学"享誉省内外；特级教师唐隽菁的"开放德育"讲座遍及大江南北；特级教师唐文国老师"本色语文"赫赫有名；特级教师朱萍的"生活作文"大名鼎鼎；特级教师张齐华的"文化数学"更是红遍全国，粉丝无数；特级教师林春曹的"言意兼得语文"闻名遐迩；我的"情智语文"在小学语文教学界独树一帜。除此之外，林丽、吴京钧、查育辉、朱雪梅、吴贤、崔兴君等几十位教师在全国赛课中也荣获一等奖。

团队发展、共同进步是学校文化传统。语文团队和"12岁以前的语文"品牌共同成长，每年接待络绎不绝的参观学习者，多次被评为南京市优秀教研组。数学团队在张齐华副校长的引领下，数学文化研究影响不断扩大。英语团队在林丽老师的带领下，一路高歌。科学组团队每位老师都是一朵"花"，呈现出花团锦簇的繁荣景象。美术团队水墨画特色课程成为南京市水墨画盟主；音乐团队在儿童合唱比赛中屡获大奖；体育团队的花样跳绳、足球、武术操、啦啦操项目竞相斗艳，其中啦啦操更是多次获得全国冠军、世界冠军。

学校"情智教育"的办学主张经过十多年的探索，形成了情智管理、情智课程、情智教学、情智校园、情智活动、情智队伍的体系，多次在全省和全国教学成果大赛中获奖。

北小位于玄武区，玄武教育历来有发现教师的传统。在这片热土上，发现了斯霞、王兰、袁浩、陈树民等一大批卓越教师和校长。学校老校长袁浩先生发现了沈峰、蔡燕、朱萍等杰出教师。沈峰又发现了林丽、赵薇等优秀教师。在北小，发现教师、发展教师、发展学校，我们一直走在路上。

（作者系江苏省南京市北京东路小学校长）

（本文原载于《人民教育》2016年第13期）

老师,你为什么不再进步了
——教师发展"高原期"突破的关键

宋立华

成为骨干教师之后,有的人开始止步不前了,原因在于,一些人的心态发生了微妙的变化,倾听意识逐渐减弱,倾听行为变少:对待那些新手教师或者比自己资历低的教师,他们会因为自诩"走过的桥比别人走过的路多,吃过的盐比别人吃过的饭多"而封闭心灵的耳朵,不让那些可能有新的创意和想法的声音进入;对待那些与自己差不多的教师,他们不再是认真倾听、欣赏学习的态度,而是"鸡蛋里面挑骨头",或者认为"不过如此",以彰显自己的教育教学主张和做法的先进;对待学生,他们会以"过来人"自居,以保证优质教学效果为圭臬,采取"我的地盘我做主"的做法,并自豪于"以前的学生就是这么教都成功了",进而不再倾听学生的想法,导致课堂充满了教师自己响亮的"独奏"声音;对待自我,随着成绩和荣誉的获得而逐渐自恋、自赏、自满、自傲,不能倾听内心深处的声音,迷失了前进的方向。因为倾听的缺失,骨干教师失去了前进的动力,陷入了成长的泥沼中,专业发展变缓或停滞,从而步入"高原期"。

倾听的态度:无意、尊重与耐心

亚里士多德在《尼各马可伦理学》一书中说:"听是容易的,任何人都能做到。但倾听正确的人，带着合适的关注，在恰当的时间，有好的结局，以正确的方式，不再是容易的，也不是任何人都能做到的了。"可见，倾听并非易事。骨干教师一旦缺乏倾听意识，倾听行为不恰当，就等于堵上了耳朵，封闭了心灵。因此，教师需要具有良好的倾听态度。

骨干教师需要具备许多良好的倾听态度，首当其冲的是无意、尊重与耐心。"无意"是一种"虚心清静，损气无盛，无思无虑"的态度，是一种抛弃偏见或者至少将偏见暂时抛到一边的态度。它意味着骨干教师倾听时不再持有任何固有的观念，也不为自己的任何前见所限制。因为事先没有向他人的言说投入一种先入为主的态度和行为，也就不会因个人观点的介入而变得视野狭窄。这样，同事、学生以及其他人的创造性潜能和可能性就能够逐渐彰显出来，骨干教师也因为偏见、前见的退场得以走进学生和同事的心灵，真正听懂他们的言说。

尊重和耐心则是指骨干教师要在内心深处将所有同事、所有学生当作与自己一样的平等主体，尊重他们独特的想法，耐心等待他人的言说，这样可以创造一种友好的氛围，将"畅谈"和"倾听"的外在途径打开，进而产生"听君一席话，胜读十年书"的效果。没有尊重和耐心的倾听，常常以高傲的态度、藐视的话语、不屑一顾的眼神、不置可否的回应、迫不及待的打断等方式表现出来，容易造成对方心理上的不快，堵塞对方表达的渠道，自然也很难得到有价值的收获。

日本著名作家黑柳彻子在《窗边的小豆豆》一书中描述了自己幼年与巴学园校长小林宗作对话的过程，其中，小林宗作用4个小时专注地倾听一个儿童滔滔不绝地讲自己感兴趣而成人认为无关紧要的事情。面对一个"知之甚少"的儿童，小林宗作没有用自己成人的丰富经验进行判断，也没有露出不耐烦的样子。他和蔼的神情，向前探出的身体，不时的追问，满脸的关切，恰当的引导，就是无意、尊重与耐心的真实写照，也是骨干教师在倾听同事、专家、学生时应具备的态度。

倾听的行为：勇气、移情与反省

有人说："站起来说话需要勇气，坐下来倾听同样需要勇气。"此言不假。骨干教师要想做到真正的倾听，必须有勇气相伴。没有勇气，就会产生惧怕心理，害怕听到那些"异于自己所想""颠覆自己观点""反对自己主张"的话语，因为它们可能会"破坏教育教学预设""挑战自己的话语权威"，将教学带入一个难以掌控的方向，将自己推向一个尴尬的境地。而这种缺乏勇气的倾听，自然置骨干教师于原地踏步的状态。可见，勇气之于倾听的重要性。倾听的勇气如同美国学者帕尔默所说的教学勇气，它的秘诀是"保持心灵的开放，即使力不从心仍然能够坚持"。而这背后，是对教育、对教学、对学生深切的爱。

移情是一种换位思考，是"站在他人的位置"体验他人的内心和精神世界。骨干教师倾听时有了移情，就会变换位置、角色，以接纳的态度理解对方。比如，在倾听学生言说时，不再理所当然地认为"怎么那么笨，都讲过这么多遍了还不会"，也不再怀疑"学生头脑中为何会冒出那么多奇怪的想法"，而是从学生的阅历、心理出发去理解、体验学生的言语以及言语背后的内容。倾听时的移情，意味着骨干教师能够主动体察他人的各种需求和情感变化，用他人的眼光看待、分析、审视教育教学中的所作所为，这样的"想他人所想，思他人所思"的倾听才能够走进他人的心灵世界。同时，这种移情还表明了对他人言说的回应、关切、理解和珍惜。这样，倾听者和言说者之间就能建立起相互信任的和谐关系，取得良好的倾听效果。

反省是指骨干教师在倾听学生、同事以及其他人的整个过程中，对倾听的意识、方式、态度、行为等进行有意识的审视、监控与评价。比如，反省自己是否具有倾听意识，能否主动倾听他人；自己倾听过程中是否保持了尊重、勇气、关怀的态度；是否做到了无意、宽容和移情；自己的非言语表达是否真正符合倾听的情境，以及以上种种做得如何。倾听时的反省类似于"照镜子"，能让骨干教师时时、处处对自己倾听的方方面面有清醒的意识，如若没有做到或者做得不好，能够及时进行调整、完善。其目的是使骨干教师保持真正的"开放"和真实的"接纳",让他人的声音能够顺利、准确地"入耳""入心"。

倾听的原则：兼听则明

"兼听则明,偏信则暗。"骨干教师要想尽快走出"高原期"就需要听取各种声音,包括那些与自己观点和看法不一样的见解、与自己思路相左的"异向交往话语"、与权威相反的结论甚至是当面的批评指正话语等。因为只有这样的倾听,才能避免犯片面的错误,才能走出将自己的观点和看法视为"真理"的误区,才能客观正确地认识自己的不足与优点。

当然,骨干教师的"兼听"也并非一味地接受、不加辨别地吸收。"别裁伪体亲风雅,转益多师是汝师。"在倾听过程中,骨干教师要对他人的意见和观点分别裁定并加以取舍,才能取长补短,不断前进。

对于骨干教师而言,凝练、表达并推广自己的教育教学理念和模式很重要,倾听教育场域中的各种声音,并从各种声音中汲取有益成分更为重要,尤其是对于那些久久处于"高原期"的骨干教师更是如此。孔子云:"我欲仁,斯仁至矣。"也就是说,"仁"离我们并不遥远,如果我们能够发挥主观能动性,打算或想要(欲)"仁"的话,就会做到。

只要骨干教师具有一定的倾听意识,想要改变自己倾听的现状,掌握一些倾听方法,必定会有效缓解、缩短其"高原期",助力其专业发展从"高原"走向"高远"。在倾听专家理念中汲取教育的智慧和思想；在倾听学生所思所想所惑中走进他们的世界,完成教育任务并实现教学相长；在倾听同行经验传授中不断借鉴学习、吸取教育教学真经；在倾听家长的声音中吸取多元建议和意见以改进工作；在倾听自我的过程中不断反思体悟,认识自我,看清前行的方向……可以说,成功的教育离不开善于倾听的教师,成功的教师就是善于倾听的教师。

(作者单位系吉林师范大学教育科学学院)

(本文原载于《人民教育》2017年第2期)

解决教师职业倦怠：来自企业的启示

朱 哲

第一次听到"职业倦怠"这个词，是在新教师入职培训中，张群（化名）有些不以为然："职业倦怠？至于吗！"此时的张群对这份职业充满了憧憬，他满脑子都是培训老师所讲的"幸福"和想要"改变教育现状"的使命感。

几年之后，"教育"在张群心目中已失去了"初见"时的美好，剩下的只是备课、上课、批改作业等一地鸡毛般的琐碎。每天的工作时间超过12个小时，他认为工作和生活严重失衡。学生不敢管，家长惹不起，学校要求高，这一切都让他觉得工作"亚历（压力）山大"。

最让他受不了的是经常收到的各种行政命令，从教改的方向、读书笔记到班会记录检查，事无巨细。此时的张群就像流水线上的一只机械手臂，在"被支配着干这个干那个"中"没有了自己"。

当理想与现实渐行渐远，他与学生的距离也远了，对现状的失望让他再也找不回当初的那份热情和希望，每天只是在"忍受"工作。他意识到这种状态不好，但除了忍，他真的不知道自己还能做些什么。

"我需要帮助"

张群并非个例，职业倦怠也并非教师群体独有的现象。在经济高速发展的今天，"疲惫但坚持着"已成为很多人的工作常态。

关于职业倦怠，北京师范大学心理学院副院长张西超打了一个比喻：同时给两只气球充气，一只气球不停地充，另一只气球充满后，放气，再充满。结果就是第一只气球很快就爆了，而第二只气球则可以持续很长时间。从可持续发展的角度看，显然第二种方式值得推崇。

"倦怠"一词的英文为 burnout，意指燃烧殆尽。该领域的权威专家、美国社会心理学教授 Maslach 通过大量的研究分析提出，职业倦怠包括情感耗竭、玩世不恭和自我效能感下降三个维度。她编制了目前使用最广的"Maslach 职业倦怠测量问卷"，根据问卷得分可判定倦怠的程度。

处于倦怠状态的员工不仅工作绩效大幅降低，还会对人际关系及其身心健康产生破坏性的影响，组织（企业、政府、学校等）会因此付出医疗支出增加、客户满意度下降等沉重代价。因此，从上世纪 80 年代开始，职业倦怠成为企业人力资源部门会议上经常讨论的话题之一。

2004 年发布的《中国"工作倦怠指数"调查报告》发现，70% 的被调查者正在承受轻微的倦怠，39.22% 的被调查者处于中度倦怠，13% 的被调查者处于严重倦怠状态。

犹如人们潜意识中总误以为"精神有病"的人才去看心理医生一样，倦怠被贴上的是"性格缺点""意志力薄弱"等标签，似乎遇到倦怠是员工无法胜任工作的表现。因此，出于"自我保护"的心态，很多人不愿意对领导、对同事诉说自己在"泥潭"中的挣扎。这种长期的隐忍让倦怠更加"肆意"地侵害人们的身心健康，阻碍人们获取必要的支持和帮助。

实际上，倦怠的产生是环境与个体因素综合作用的结果。荷兰乌德勒支大学的 Demerouti 教授在进行实证研究的基础上，提出了"工作要求－资源模型"。

该模型认为，长期不合理的工作要求，如过高的工作压力、工作环境恶劣等，会耗尽员工的热情及体力，进而产生职业倦怠及其他心理健康问题。而诸如工作自主性、职业发展前景、领导支持等工作资源则具有激励作用，能催生敬业与和谐的工作氛围，进而提高工作绩效。反之，工作资源的缺乏则可能导致挫败感，导致员工成就感降低和对工作的疏远、畏惧。

这项研究结论给企业的人力资源管理带来重要的启示。员工可以接受很高的工作要求，但组织要提供工作顺利开展所需要的各种资源，比如弹性工作时间、加薪等。"又想马儿跑，又想马儿不吃草"式的高要求低资源配置，必然导致员工的倦怠，乃至崩溃。富士康13连跳就是最好的警醒。

随着积极心理学和组织行为学的融合，现代人力资源管理不再简单地将出现倦怠等问题的员工解雇了事，而是转变策略，主动帮助员工预防和解决工作生活中的各种问题，以保证他们以饱满的热情投入到工作中。

这种更积极的措施叫作"员工帮助计划"（Employee Assistance Program），简称EAP。英国第二大能源供应商南苏格兰电力公司开展的是EAP为核心的"健康与幸福行动计划"，为员工及其家属提供心理健康知识宣传、健康与幸福调查、压力管理、24小时免费咨询、健身房会员证、戒烟支持、体重管理以及财务和法律等工作相关问题的服务项目。这项计划使员工的因病缺勤率下降了5.6%，公司的医疗成本大大降低。张西超等中外研究者所作的多项实证研究发现，EAP能有效降低员工的倦怠状况，减少离职率，并能提高个体的幸福感、组织忠诚度和工作绩效。

虽然绩效是所有的组织优先考虑的指标，但人文关怀也是必不可少的要素，EAP是整合"绩效"和"人本"这一对矛盾共同体的最有效解决方案之一。它为员工及其家庭提供360度的身心健康管理服务，为组织管理层提供相关管理提升建议。可以说，EAP是比物质奖励更好的福利项目。

在西方，EAP已走过了近百年的历程，大多数的企业、政府、学校和军队部门都引进了EAP项目。我国的EAP才开展了十多年，属于起步阶段。随着国家对心理学应用越来越重视，一些大型国企、政府部门开始实施EAP项目。EAP成为落实党的十八大工作报告指出的"人文关怀和心理疏导"的重要途径。

做自己的"HERO"

通常情况下，在人群中大概有5%～10%的人存在严重的心理困扰，比如抑郁倾向、重度职业倦怠等，如果不对其进行及时的危机干预和心理咨询，有可能严重影响周围人群的心理健康水平，甚至出现自杀等极端行为。70%～80% 的人面临的是工作压力、夫妻关系等普通的心理困扰，他们需要的是学会一些自助技巧和保持幸福的方法，防止这些困扰长期累积或扩大化。还有 10% 左右属于心理素质超强的人，能够持续保持积极乐观的工作状态。北京的郝杰老师就是其中的一员。

她是全校公认的"拼命三郎"。早到校晚离校是常态，年年担任初三最差班的班主任，并在毕业时将班级成绩提升到全校前列。要实现这个奇迹，其背后付出的艰辛和努力可想而知。

郝杰经常是晚上七八点钟才能回家。有一次，她提议出门散步，顺便跟儿子交流一下感情。但是孩子在玩耍时，不小心被健身器材打到面部，脸上顿时血肉模糊，多半的牙齿脱落错位。听着儿子的嚎哭，郝杰崩溃了，在那一瞬间，内疚、悔恨、悲伤一起涌上心头。

她觉得自己太对不起孩子了。因为班主任的工作非常繁忙，从小到大，她很少照看孩子。儿子生病时一般都是爱人请假照顾。作为一个母亲，连孩子都照顾不好，努力工作还有什么意义呢？

在医院里，郝杰整整哭了一晚上。只有通过眼泪，她心中的痛苦才稍稍得以释放。哭完之后，她清醒了许多。"幸亏伤的是牙齿，如果是眼睛，岂不是更糟糕？"她安慰儿子，也劝慰着自己。想到以后儿子吃饭比较困难，她赶紧从网上买了一台食物研磨机。

第二天早上，郝杰已完成了"自我修复"。她甚至没有因为这件事情请假，而是把儿子托付给爱人，自己匆忙赶到学校上课。她爱儿子，也爱学生，但是孩子有父亲照顾，毕业班的孩子更需要自己。

即便如此，郝杰也不认为自己在"拼命"。她很重视身体健康，每天的课表中必定给自己安排一节体育课。之所以有如此优异的表现，原因在于她坚信自己有能力"hold"住压力，在于她热爱自己的工作，在于她能处理好工作与生活的关系。

这种强大的心理能量就是现在职场流行的词汇——心理资本，包括希望、自信、坚毅、乐观四个要素，其英文首字母组合起来便是"HERO"。

如心理资本概念的提出者 Luthans 教授所言，心理资本是储藏在人们心灵深处的一股永不衰竭的力量，高心理资本的人具有掌控工作和生活的

"魔力"。北京易普斯咨询有限责任公司是国内成立最早的专业 EAP 服务机构，拥有庞大的员工数据库。他们调查发现，高心理资本对工作有积极的促进作用，心理资本高的员工对工作的满意度是心理资本低的员工的 2 倍，活力是后者的 5 倍，忠诚度是后者的 9 倍。而且，作为管理者的高级经理人的心理资本普遍比一般员工高，其倦怠水平则低于一般员工，他们的抗压能力更强，工作状态更好。

正是这种积极的力量让郝杰在"很忙、很累"的工作中，不仅没有觉得精力和体力透支，反而能体会到"精神富足"的幸福。

不同于人格特质的难以改变，心理资本是一种类特质，可以通过培训的方式加以改变。这意味着，经过专业的训练和练习，每个人的心理资本都可以得到改善和提升，从而增强应对压力的心理能量。

教师是职业倦怠的高发人群。中国人民大学和新浪教育频道在 2005 年所作的中国教师职业压力和心理健康调查的结果显示，86% 的被调查教师出现轻微倦怠，58.5% 的被调查教师出现中度倦怠，29% 的被调查教师出现重度倦怠，也就是说 10 位教师中，有 3 位可能处于重度职业倦怠中。然而不容乐观的是，目前还缺乏系统的教师外部支持和救助项目。

与教师类似，10086 等客服电话的话务员倦怠比例也非常高。因为工作职责要求，无论客户说的话多么难听，话务员既不能挂电话，更不能对骂，只能一遍遍地道歉："对不起，给您造成不便了！"平均每天接几百个电话，其中相当一部分是带有强烈情绪色彩的投诉电话，话务员要承受的心理压力是其他行业的人难以体会的。

作为全球规模最大的电信运营企业，中国移动集团较早地开始关注话务员等各类员工的压力问题，并积极寻找解决方案。从 2005 年开始，中国移动陆续在一些下属公司引进 EAP 项目，并逐步成为提升管理者及员工心理资本的重要途径。除了个体和团体的心理资本增值培训，广东公司建立了名为"幸福加油站"的网站。当员工感觉压力大、心情烦躁的时候可以打开专业的压力测量问卷，评估自己的状态和压力来源，进行梳理反思，然后根据网站的指导方法，自行制订解决方案。通过自助式的测评和调整，员工的心理资本得以提升。

这些投入带来了丰厚的回报。中国移动集团所作的匿名调查显示，接受心理资本增值培训的员工，其幸福感、组织满意度、工作满意度都有显著提升，压力水平、离职倾向、职业倦怠等均有下降，企业的凝聚力和人文氛围得到显著增强，实现了个人与企业的双赢。

不只是一双会劳作的手，而是整个的人

第一个正式的教师援助计划开始于20世纪70年代中期的美国，如今已成为较为普遍的服务项目。假如俞伟（化名）能参与EAP项目，或许他的那段倦怠经历会好过一些。

工作第一年，俞伟被安排接高三的课。由于经验不足，学生高考考砸了。学校认为他教不了高中，新学期安排他到初中任教。学校的不信任严重打击了俞伟的自信心，有两年的时间，他总是郁郁寡欢，怀疑自己"不适合做老师"，觉得"自己在耽误学生"，甚至准备换工作。最后是来自学生的支持挽救了他。俞伟跟学生的关系非常好，当他教了一年的初中学生得知他要被学校调去其他班级的时候，学生们自发找到校长，要求他留下。这份支持和感动让俞伟重新"活"了过来。

在此期间，除了家人和学生，俞伟没有任何"外援"，他靠"自愈"度过了长达两年的"黑暗期"。GDP当道时，组织关心的是你能不能干活，而不是你为什么不能干活。汽车大王亨利·福特曾说过一句名言："为什么当我只需要雇佣一双手的时候，我却不得不雇佣他整个人呢？"

毫无疑问，带着"整个人"来工作的员工，必然包含与岗位职责不相干的要素，而且"人"会受到环境、关键事件、组织氛围等其他因素的影响。要让这个"人"的双手产生最大的绩效，就要求组织在环境、制度、流程等方面进行改善，以保护这个人的"一双手"安心投入工作。

在《重燃焰火》一书中，作者、教育学教授Brock将教师的倦怠归因为三种因素：组织环境、行政领导风格和教师人格。2013年美国权威民意调查机构盖洛普的调查结果也指出，提升教师的敬业度，每所学校急需一位更好的校长，因为"管理者在他们团队成员的敬业度上起到关键作用"。

正是意识到管理者的重要作用,组织管理领域提出了"积极领导力"的概念。在《积极领导力》一书中,作者密歇根大学罗斯商学院的卡梅隆教授提出4种积极领导力策略:一是营造积极氛围,管理者要在组织中培养出激情、感恩、宽恕的氛围;二是建立积极关系,即关注员工的优势而非劣势,注重扬长避短,以便在组织内部建立起互相支持的能量网络;三是实现积极沟通,即强调乐观、支持性的沟通,更好地帮助员工学会积极的自我反馈;四是构建积极意义,即关注个人幸福与组织目标的联结,重视个人价值及归属感。

以往,雷厉风行、就事论事通常被认为是管理者的优点,实际上,当管理者心直口快地批评员工时,完全忽视了心理要素对解决问题的效果。而拥有积极领导力的管理者传递的是正能量,他们关注的重点是如何发掘人的积极品质,营造积极、幸福的组织氛围。

但管理者也面临着压力和倦怠的"摧残"。美国邮政服务公司实行的EAP项目包括管理者教练计划、沟通和压力管理等培训,目的是帮助管理者应对工作中面临的各种危机。

公司要求管理者给予员工充分的关注,细心观察其在工作中的表现。如果员工出现频繁的迟到或早退、工作失误持续增多、与同事出现异常争吵等,管理者会假定这种变化是由家庭或心理因素引起的,并鼓励员工向EAP寻求帮助。他们会给员工一份推介书,包括员工的工作内容、工作表现、EAP服务机构的电话号码和保密原则等信息。EAP人员会为管理者提供员工问题的解决方案、建设性反馈技巧等服务。无论员工是否接受EAP服务,管理者都需要继续提供反馈,监控员工的出勤、绩效和行为,并考虑适当减轻员工的工作压力。如果员工为了解决困扰请了长假,在返回工作岗位前,管理者和EAP咨询师要举行欢庆会,目的是让该员工重新融入工作环境。

为了在维持高效工作的同时,让员工感受到组织的温暖,许多企业开始推行"工作-生活平衡"计划。就连以严谨刻板、加班频繁著称的日本佳能公司也规定每周三为"不加班日",鼓励员工放下工作,准时下班与家人、朋友共度美好时光。

此外，环境改善也是关注"整个人"的一部分。很多组织会把管理条例、规章制度挂在墙上，但所起到的作用微乎其微。有一家企业的墙壁文化很特别，他们挂的不是条文，而是员工孩子的画作。每当员工抬头看见这些作品，心中充满的是家的温暖。或者在办公区域多放几盆绿植，养一些金鱼、乌龟等小动物，也能够有效缓解员工的焦虑和紧张感。这些都是对"人性化"很好的诠释。

教师的职责神圣而伟大，但教师首先是一个人，校门之外必然面临生活的压力、教育子女的困惑、家庭的冲突等各种问题。我们不可能保证每一位教师时刻都充满积极情绪，但我们应该做到，当他们处于困扰之中的时候，伸出一双温暖的援助之手。

（作者单位系《中小学数字化教学》杂志社）

（本文原载于《人民教育》2014年第18期）

寻找教师职业幸福的魔方

曹新美

老师,你的幸福感哪儿去了

近年来,关于"你幸福吗"的问题常常被问及各类人,从政界领袖普京到商界巨头比尔·盖茨,从诺贝尔文学奖获得者莫言到普通农民工。

为什么在社会更加进步、经济发展更为迅速的今天,人们开始关注"幸福"了呢?300多年前英国哲学家休谟曾说过:"所有人类努力的伟大目标在于获得幸福。"2012年6月28日,第66届联合国大会宣布,追求幸福是人的一项基本目标,幸福和福祉是全世界人类生活中的普遍目标和期望,决议将今后每年的3月20日定为"国际幸福日"。

同样的,教育的宗旨是为了培养幸福的孩子,是为人一生的幸福奠定基础。只有幸福的教师才能培养出更加幸福的孩子。因而,教师的职业幸福感也成为教育界和全社会普遍关注的话题。

"你当教师幸福吗?一年365天,你有多少天是幸福的?如果有一把尺子测量人的幸福感,刻度从0(最不幸福)到10(最幸福),你的幸福感会在哪一点上?"当这些问题摆在一线中小学教师面前时,一些教师的回答让人深思。有的教师回答,除了寒暑假,其他时间都不幸福;有的教师回答,自己的幸福感为4(有一点不幸福,比持平低一点)或3(不太幸福,心情低落);也有的教师认为自己的幸福感为2(不幸福,心情不好,提不起劲儿),甚至有的教师选1(很不幸福,感到抑郁、沉闷)。教师职业本应是一个令人尊敬、受社会崇尚的职业，但为什么有的教师却感受不到幸福？是什么使他们在这个"光鲜亮丽"的职业中心情低落，感到抑郁、沉闷？

下面是我们摘录的两位中学教师对自己工作状态的描述。

"我是一位区级重点中学的男老师，从教十年，是学校教学骨干和骨干班主任，已连任班主任六年，兼任教科研课题组组长、年级组长。为了防止学生抄作业，我早上6:40到校进班，晚上6点后离校回家。目前孩子3岁多，正处于上有老下有小的事业上升期、极度劳累疲乏期。有时会对工作和家庭产生厌恶反感。现在感觉很累，感觉什么都无所谓。"

这位老师的描述让我们深深地感受到，他在工作中产生了严重的疲惫和倦怠感，甚至产生了悲观厌世的抑郁情绪。

另一位教师写道："我是一位有十年教龄的中学教师，两三年前我开始对自己曾经热爱的工作产生了厌倦情绪，每天只是机械地重复，没有激情，没有理想，我已经看到了我30年以后的样子，感觉十分悲哀。"

在这位老师的描述中，他失去了理想，丧失了激情，看不到自己工作的价值，对自己的未来失去了希望。这也是典型的职业倦怠的表现。

什么是职业倦怠呢？职业倦怠是在以人为服务对象的职业领域中，个体感到付出了较多的情感和人力资源，而又没有得到相应的回报和价值认可，所产生的一种情感资源过度消耗、人际关系淡漠、个人成就感降低以及身心疲乏不堪的消极状态。

教师职业是育人的职业，教师是职业倦怠的高危人群。职业倦怠有三个非常典型的核心特征。一是情感衰竭：表现为工作热情完全消失，情绪烦躁，容易发脾气，易迁怒于人。二是去人性化：对他人不信任，多疑，指责抱怨，将人视为无生命的物体。三是个人成就感降低：对自己的工作意义和价值的评价下降，工作变得机械化，且效率低下。上述两个案例中的教师都明显地表现出职业倦怠的这些特征。

是什么让教师职业倦怠

在对某大城市 4741 名在校中小学教师开展的调查中,我发现,有 22% 的中小学教师存在中等程度以上的职业倦怠感,其中情感枯竭的程度较为严重,49% 的教师感到工作耗尽了自己的感情,感到精疲力竭。在对教师职业倦怠的因素分析中,中小学教师平均每周承担 10 节课以下的只占 31.9%,而每周 10 节课以上的占 61.2%,其中 25.3% 的教师每周 16 节课以上。结果显示,每周承担 10—20 节课的教师的职业倦怠程度显著高于每周承担 10 节课以下的教师,尤其是承担 16 节课以上的教师,在职业倦怠的两个核心成分——情感枯竭和去人性化程度上显著高于每周 10 节课以下的教师。另外,班主任的职业倦怠程度显著高于其他教师,班主任由于付出的心血较多,因而情感枯竭程度更高,但在教书育人的价值感方面,班主任的价值感明显高于其他教师,这是因为班主任承担着管理和教育学生的直接责任,更能体会到教育学生过程中的成就感和价值感。在学段上,小学教师的职业倦怠感中的情感枯竭程度显著高于初中教师。在科目上,担任语数外科目的教师职业倦怠感显著高于其他学科教师,情感枯竭和去人性化程度表现尤为显著,而在个人价值感上则高于其他学科教师,也许是因为这些科目更受学校和学生重视,使教师在教学过程中体验到更多的成就感和价值感。

就该市各地区来说,农村校的教师情感枯竭和去人性化程度显著高于城区教师,区级薄弱校教师的职业倦怠感程度高于区级优质校的教师。可能由于生源和教学资源配置等差异,使农村校和薄弱校的教师在教育过程中付出的心血和精力更多,又感到付出与回报的不匹配,因而对学生的情感更加冷漠,厌恶感和不信任感更强。

前文中的两位老师,都提到各自的从教时间为十年。十年教龄是教师职业发展的瓶颈期,也是职业倦怠的高发期。从我的调查数据看,职业倦怠感的高发期在从教第六年到第十年,这一阶段恰恰属于教师专业发展的成长期,也称之为自动化期。在这一阶段,教师对教学技能的掌握已经达到熟练和自动化的程度，对所教科目的内容和程序基本了然于心，教学上不再有高挑战性的任务。正如第二位教师所说的，每日机械地重复，缺乏创造性，逐渐磨去了教师的激情和理想，在专业发展上进入了瓶颈期，因而导致了职业倦怠感。这一阶段的职业倦怠感显著高于其他阶段，尤其是这一阶段的去人性化程度显著高于其他阶段。而从教五年内的年轻教师的价值感丧失程度显著高于其他阶段，这一阶段的年轻教师可能由于刚走出校门，理想与现实之间的差距较大，加上对学生的了解不深，缺乏经验，在教育过程中难以体会到个人的价值感和成就感。

除了教师职业的原因，教师的家庭原因也会加重教师的职业倦怠感。从年龄上看，25—35岁的教师职业倦怠感中的价值感最低，这一阶段正是成家立业期，子女的教育、老人的抚养、生活安置、购买住房等来自生活和家庭的负担，也给教师们带来了心理上的压力。

从上述两位老师的描述中还可以看出，产生职业倦怠的一个非常重要的原因是教师对自身教育工作价值感的理解。像第一位老师所言，每天起早摸黑地辛苦工作只是为了防止学生抄作业，当然会觉得工作没有价值感。

职业倦怠感不仅会给教师造成心理上的负面影响，还可能导致抑郁。我们采用贝克抑郁量表（BDI）对教师的职业倦怠与抑郁状态进行相关研究分析，表明职业倦怠与抑郁存在显著的正相关。在我们的抽样调查中，某市中小学有41.4%的教师无抑郁症状（BDI ≤ 4分），14.4%的教师存在轻度抑郁（5分 ≤ BDI ≤ 7分），25.1%的教师存在中度抑郁（8分 ≤ BDI ≤ 15分），33.6%的教师存在严重程度的抑郁（BDI ≥ 16分）。抑郁是一种心理疾病，不仅会使人情绪低落、悲伤、失望、负疚、自责、缺乏自信，没有价值感，丧失对工作和生活的兴趣，工作效率降低，对未来失去希望，而且严重时还会导致失眠、哭泣、绝望，甚至导致轻生，严重影响人的生活质量和生命质量。

我们采用贝克焦虑量表（BAI）对教师的职业倦怠和焦虑程度进行相关分析，表明职业倦怠与焦虑存在显著正相关。采用临床上通用的阳性症状BAI ≥ 45为判断界限指标区分，有35.7%的教师超过了这一临界值，出现较严重的焦虑症状，常常或总是感到头晕（23.9%），消化不良（23%），紧张（21.8%），心悸（20.6%），害怕发生不好的事（23.9%），不能放松（24.8%）等典型症状。近年来职业倦怠、抑郁和焦虑等心理问题也影响到教师的身体健康，一些教师患咽喉炎、高血压、胃溃疡、妇科肿瘤等疾病的概率有所增加。

发现正能量

如何消除或降低教师的职业倦怠呢？近年来我们进行了相关的正向研究和积极干预，期望能寻找到缓解职业倦怠的良方。从对教师身上的积极心理因素与职业倦怠关系的研究看，虽然有22%的教师有不同程度的职业倦怠，但还有78%的教师并没有产生严重的职业倦怠，他们身上有哪些正向的力量支持着他们积极有效地工作呢？我们对教师个体的正能量和积极品质进行了调查。

通过相关分析，教师的职业倦怠与教师的个人成长、对生活的控制感和满意度、生活的目标感、自我接纳、人际的信任感、感恩和宽恕等积极心理能量呈现极其显著的负相关。有生活的目标，能够自主调节和控制自己的工作，对自己接纳，对他人信任、感恩和宽恕，能降低教师的职业倦怠感。在研究中我们还发现，教师自身的优势和美德与职业倦怠的程度存在极其显著的负相关。这些优势和美德包括创造性、好奇心、开放、爱学习、智慧、勇气、持之以恒、勤奋刻苦、真诚热情、爱与依恋、仁慈慷慨、社会智慧、忠诚合作、公平正直、领导能力、宽恕、谦虚谨慎、判断力、自主自律、对美的欣赏、感恩、乐观、幽默、信念等，拥有这些美德越多，教师的职业倦怠感就越低。

积极心理学的倡导者塞里格曼先生认为，幸福有五个核心要素。一是要有积极的情感，诸如自豪、快乐、欣喜、幸福等，积极情绪与职业倦怠感呈显著的负相关；二是要积极投入和沉浸在工作中，体验职业的幸福；三是要有良好的人际关系，把他人放在心中，尊重每个人的价值，善待他人；四是要追求有意义和有价值的人生目标，当一个人心中有理想和目标时，人生才有意义和价值，才会感到更加幸福；五是要体验到个人的成就感，在成功和成就中享受幸福。积极心理学提出，心理学的使命不仅要治愈和修复心理的疾病和创伤，更要培养和提升美好的心理品质，激发每个人内在的成长动力，用自身的力量去治愈心理疾病。

通过对中小学教师进行积极心理教育的培训，转变教师的教育理念，从积极的视角去发现自己和学生身上的优势与美德，为每天平凡的教育工作赋予意义和价值，感恩和宽容我们身边的每一个人，付出爱心和善举，可以显著降低教师的消极情绪，减少职业倦怠感。一位教师在培训反思日志中写道：

以前班级日志是我治班的重要阵地，通过它把违规现象、班级问题记录下来。每天翻阅后，总免不了声色俱厉的训斥，对违规学生的惩罚也变得理直气壮。于是，学生们畏惧我、害怕我、躲避我、防范我……而我每天的工作也非常痛苦，觉得班上尽是不听话的孩子。现在我转变了理念，改变了方式，用班级管理宝典把班上每天的好人好事记录下来，每周的班会由批评会变成了表扬会、赞美会和建议会。慢慢地，班上违规违纪现象少了，我和同学们的关系也亲近了。

在这个案例中，教师从原来对学生每日的监督和审判转变为欣赏和赞美。心理学研究表明，每天加工积极的信息、发现美好的事物会让人更加幸福和乐观。

还有一位班主任遇到这样一起事件，在校运动会上，班里有四位同学参加 4×100 米接力赛，全班热烈呐喊助威，但在最后一棒时，传接棒时发生失误，丢掉了原本可以获得的荣誉。比赛一结束，班里炸开了锅，接棒的同学抱怨传棒的同学，助战呐喊的同学也埋怨责骂，甚至还有同学动起了手。班主任拍了三下巴掌，示意大家安静下来，然后让全班同学手拉手围成圈，席地就坐，听她讲话。她只说了三句话："今天我非常感动，我要衷心地表达三个感谢。一是感谢参加接力赛的四位同学，他们虽然掉棒了，没有取得名次，却能拼尽全力，坚持跑完，没有给我们班丢脸，让我们为四位同学的付出鼓掌（全班同学鼓掌）；二是要感谢今天在比赛中呐喊助威的同学们，你们喊哑了嗓子，为比赛的同学加油，让我们为自己的行为鼓掌（全班同学鼓掌）；三是要感谢刚才相互争执的同学，你们是真心希望我们班能赢得比赛，让我们为大家这种强烈的集体荣誉感鼓掌（全班同学鼓掌）。然后，请大家与身边的同学握个手，说声谢谢！"就这样，通过"三次鼓掌＋一个握手"，班主任没有一句责备和批评，神奇地化解了一场纷争，刚才还在怒目相对、恶语相向的同学瞬间冰释前嫌，握手言和。

有的老师已经习惯了以批评和管教的方式去履行职责，以为只有"严师"才能出"高徒"，只有指出学生的问题才有利于学生的成长。殊不知，苦口的良药人人都不爱喝，逆耳的忠言容易伤人，往往造成学生的防御和逆反。这样就把原本"一番好心好意"的快乐、幸福的教育过程变成痛苦的折磨过程。真正的教育力量应该来源于学生自身，只有水到渠成，因势利导，才能产生神奇的效果。良药可以甜口，忠言可以顺耳，换一种欣赏的视角，换一种积极的心态，换一种智慧的方式，换一种激励的语言，可以达到更好的教育效果。

说到底，教师要有一双神奇的慧眼，去发现和培育自身及学生身上的优势与美德，把教育的力量变成爱，把良好的建议用平等真诚的方式传递给学生，在一种和谐友好的氛围中，师生共同成长和发展，让优势和美德的阳光洒满心间，从而远离职业倦怠，体验到职业的快乐和幸福。

（作者系北京教育学院教授、发展与教育心理学博士）

（本文原载于《人民教育》2014年第18期）

教师倦怠，校长何为

陈钱林

我刚到瑞安安阳实验小学时，根据以往惯例，与教导处的同事一起闭门安排教师岗位。想不到，开学初在教师大会上宣布时，有一位教师当场就哭了。原来她声带有息肉，医嘱近期少说话，而我们却给她安排了一年级语文老师兼班主任的工作。都宣布了，再变就被动。后来，尽管做了补救，这位教师也同意了，但每当听到她沙哑的声音时，我总有些内疚。

一年后，我们制定了自主选择岗位制度——每位教师在学年期末填报下学年岗位的志愿，学校原则上按照教师的志愿安排，凡特殊原因难以满足的，暑假期间，由教导处联系该教师商量调整。在研究这个制度时，有人担心，全体教师各有各的意见，会不会因此导致安排不了岗位？实践证明，所有的担心都是多余的。教师都很善良，即使满足不了志愿，尊重在先，大家也都能理解。

我曾有个比方：7个人喜欢喝茶，3个人喜欢喝咖啡，学校有5杯茶、5杯咖啡，如果允许选择，就会有8个人能喝上自己喜欢的饮料。即使喝不上喜欢的饮料的两个人，因为客观原因而无法选择，也会表示理解的。

其实，学校许多事都是可以选择的。如备课，可以允许教师选择手写或者电脑备课；如上课，可以鼓励教师选择自己喜欢的教学风格。当前，基层学校教科研的形式主义倾向比较严重，一些学校统一要求全体教师做课题、写论文，许多教师就上网下载论文，而且怨言颇多。为此，我们制定了教科研套餐制度，教师在课题、论文、读书、论坛四项中，选择一项自己喜欢做的就可以。这项制度实施后，不仅只是减轻了教师负担，更因为是自己选择的，教师做得也更称心。

在建设小学，我把选择作为教师管理的核心理念。建设小学有个名师共同体制度，每学年初由教师双向选择组成若干个教研共同体。我觉得，名师共同体与教研组的区别在于，教研组是"包办婚姻"，而名师共同体是"自由恋爱"，同样的教研组织形式，背后的理念迥然不同。跟自己选择的人在一起研究教学，心情会更舒畅。

教师对外出培训都很在乎。一般学校的教师培训都由学校指派，长期没有被派到的教师，多少都会有意见。我们也引进选择机制，给每位教师安排一定量的培训经费，在包干经费范围内，教师可以自主申请外出，这样就给了教师选择权。即使不出去，那是自己主动放弃的，也不至于有失落感。

曾有校长与我交流，说教师对专业成长没兴趣，他曾多次请专家来校作讲座，却发现大部分教师在听讲座时看微信。我说，这不是教师不喜欢专业成长，而是不喜欢"被专业成长"的方式。作为知识分子，教师的尊重需要与自我实现需要相对强烈。鼓励教师专业成长，激发其成就感，既是尊重，又是满足自我实现的需要。

我喜欢用民意问卷的方式调查教师的需求。刚到安阳实验小学时，我们通过问卷了解到教师最迫切的需求是读本科，因此我们就与高校合作，在校内举办了本科函授班。调到建设小学后，通过民意调查，我们发现教师对在区级以上教研会开公开课的需求相对强烈，我们就积极承办各级教研会。三年来，起码有200多人次拿到区级以上的公开课证书。

在安阳实验小学时，有一次，学校有一个去杭州培训的名额，我们慎重商量后把机会给了一位骨干教师。想不到，这位教师到办公室后就发牢骚，说老是出去没意思。这件事引发了我的思考：小猫喜欢吃鱼，小白兔喜欢吃萝卜，拿鱼给小白兔，当然不受欢迎。看来，没有基于需求的机会，既强迫了他人，又造成学校资源的浪费。

于是，我们创新了教师专业成长帮扶制度，每位教师都制定个人专业发展规划，选择自己的专业定位与近期努力方向，并提出具体的需求。当学校有开课、培训等机会时，依据教师的需求分配。如此一来，因为有针对性，许多教师都心存感激。曾有位教师很希望在普通话方面发展特长，正好学校分到一个参评省级普通话测试员的名额，我们就把机会给了她。后来，她通过了考评，并把普通话特长融入语文教学，形成了独特的教学风格，很有成就感。

如果能引领教师投身于学校发展大计，则能从更高的层面激发其成就感。在建设小学，我们规划了教育品牌建设线路图，并发动全体教师共建教育品牌。随着学校品牌的逐步形成，参与其中的教师逐步产生了创业的成就感。2014年3月，建设小学承办了几场面向全国的自主作业品牌现场会，我特意设计让更多的教师亮相。如在第一场现场会中，学校安排11位教师参与访谈，30个班级同时出公开课，目的就在于让更多的教师体会到被人认可的快乐。

当前，许多企业都设立人力资源部，针对员工进行个性化的帮助，其最大的价值，在于关注并疏导员工的情绪，激发员工对企业的归属感与幸福感。这些人性化的管理方式，学校应该借鉴并有所作为。

比如从情绪管理的视角，学校要多站在教师的立场去处理事情。教师免不了与家长发生矛盾，我的原则是，除非是特别不可容忍或者多位家长反映的事情，否则我一般不会马上找教师对证。非要了解真相时，大部分情况下我都选择私下交流。教师特别爱面子，越私下处理，越会记情，也越容易改进。如果动不动就在教师大会上讲家长反映的事，很容易刺痛教师的自尊心，有时候伤害的不只是一个人，很可能引发教师群体的反感情绪。

我刚到建设小学时，一批家长到教育局上访，要求换数学老师，并指定要年轻教师。了解情况后，我发现这位52岁的数学老师兼两个班的数学课，很敬业，教学质量也很好，学生也喜欢，只是对学生严格了些，并且不喜欢与家长沟通。我认为，如果迫于家长压力换老师，一则给即将退休的教师心灵上留下创伤，于心不忍；二则必定会引发教师群体，特别是老教师群体的反感情绪。于是，我们就做家长的思想工作，坚持不换老师。三年后，这位教师以实际行动赢得了家长的信任，怀着愉快的心情光荣退休。

情绪管理，要尊重教师的职业心理。学校姓"学"，学校文化的主流应该是教育文化。安阳实验小学的教研氛围非常浓厚,这样的文化"场"特别容易给教师以良好的心境。在建设小学,教师研究的风气日盛。我们推出了"星卡"评价,号召教师努力使"每张星卡背后都有一个感人的教育故事",从而追求"在教育的江湖有自己美丽的传说"的幸福感。我倡导把教育作为一种信仰,引发了教师的共鸣。

知识分子相对清高,常有"宁为玉碎、不为瓦全"的心理,不愿意做看起来平庸、低俗的事情。当前,学校管理的行政化倾向,已经成为教师职业倦怠的催化剂。上级行政部门常要求学校做些与教育教学无关的事,如为迎接验收而临时整理档案台账,为应对检查而组织形式主义的活动,很容易引发教师的反感情绪。在两所学校任职时,我都积极探索校本管理,特别是反对各类形式主义的东西。

让教师安心于教书育人,是最好的情绪管理方式。情绪管理,还要特别关注教师的群体文化。人具有群居特性,每位教师在学校都会有个相对亲密的圈子。在充满正能量的群体中,即使有些消极情绪,同事们稍微劝慰几句,气也就消了;在充满负能量的群体,好好的事情,都会生出是非来。学校管理的介入,就是要弘扬教师群体的正能量。

建设小学的名师共同体,就是让志同道合的教师组成一个个学习型的共同体;在安阳实验小学时,我们设计了教师社团制度,凡教师发动共同爱好者三人以上,就可以向学校工会申请成立社团,学校可给每个社团适量的活动经费。这些措施,都是弘扬教师群体正能量的尝试。我总觉得,人对信息的接受是一个恒量,接受正能量多了,意味着负能量就减少了。同样,情绪好了,幸福感多了,倦怠感的存在空间自然也就少了。

(作者系浙江杭州师范大学附属学校原校长)

(本文原载于《人民教育》2014年第18期)

寻求教育共识：学校应走向"集体行走时代"

周　彬

在一所学校里，校长和教师，学生和家长，每一个人都在思考教育教学活动，每一个人都将参与教育教学活动。如果大家心朝一处想，劲往一处使，这就是搞好教育最大的财富；但如果大家想法不一样，目标不一致，这就成了实现教育突破最大的障碍。

事实上，如果大家事先达成了共识，那么大家共同的目标，就是如何把教育搞得更好；如果大家没有达成共识，那么最重要的任务就不是如何搞好教育，而是深陷彼此理念或者利益的争斗之中，尽管每个人都在拿教育说事，但教育本身却消失得无影无踪。今天的教育，不论是家校合作，还是学校分科教学，或者为了学生全面发展，教师个人英雄主义已经没有市场，在教育共识基础上的学校"集体行走时代"已经来临。

共识是学校"集体行走时代"的诉求

在学校中，对于教育共识的重要性，可能班主任是最有体会的。尽管班主任不是学校的管理中枢，但却是学校所有教育教学活动的执行中枢，不管学校下发多少文件，也不管学校举办多少活动，最终都会在班主任这儿得到汇总，并由他来执行或者协调执行。可是，班主任毕竟只是"一个"人，当然也可以理解成，班主任毕竟也只是一个"人"，再怎么能干、再怎么专业的班主任，不可能把学校方方面面的工作都做好，所以，班主任最重要的工作并不是靠自己的付出去"执行"任务，而是靠自己的能力去"协调执行"任务。

既然班主任的主要工作并不是去执行任务，而是协调大家共同执行任务，那就意味着如果班主任失去了"协调大家"的能力，就只能自己去执行这些教育教学任务，一个人意欲替五六个人干活，其结果，一定是自己累得要死要活，仍然不可能实现五六个人共同干活的目标。只有一个人想方设法地"协调"这五六个人，力求在过程上有着相对统一的想法，在结果上有着相对一致的目标，通过大家的齐心协力，才可以相对轻松地完成教育教学任务，还可以较高质量地达成教育教学目标。

这样的协调工作非常不容易。在现实生活中，大多数班主任，甚至是绝大多数班主任，最后宁愿选择自己亲力亲为地执行这些教育教学任务，也要回避对"协调执行"教育教学任务的挑战。

于是，在教育实践中就涌现出了无数班主任无私奉献的故事或者案例，也提炼出了无数班主任在"执行"教育教学任务时的技巧与智慧，但所有这一切，丝毫没有增加班主任这个岗位的吸引力，也丝毫没有让班主任这项工作变得更加轻松与自在。只是用这些无私奉献的故事或者案例，掩盖了班主任日常工作的艰辛与乏味；用那些艺术化的技巧与智慧，掩盖了大多数班级教育工作的冲突与低效。

在学校中，何止班主任面临着"共识之殇"！无论是作为课堂教学实施者的教师，还是作为学校领导者的校长，都深陷教育共识达成的困境之中。想必在课堂教学中的老师不一定感受到教育共识的好处，但对没有达成共识时的痛苦，会有着极为深刻的体会。每位老师都希望学生学好，每个学生都希望自己学好，但在如何才能学好这个问题上，老师与学生是很难达成共识的。

在老师看来，牺牲今天的娱乐换来明天的幸福，这是值得的；但在学生看来，没有了今天的娱乐，明天的幸福又有什么意义！在老师看来，没有了每天的训练，就不可能有考试时的熟练；在学生看来，用训练换来的熟练，对自己的未来只是白练而已！即使有与老师达成共识的学生，但他们面对的并不是单一学科的老师，而是搭班的五六位老师，当他们和某位老师达成共识时,并不意味着就与所有的老师达成了共识,除非这五六位老师先达成了共识。因此,对于学科老师来说,如果没有和学生达成学习共识,我们的课堂教学就很难实现教学目标;如果没有和搭班的同事达成教学共识,我们的班级教学就很难实现育人目标。

在中国,几乎每所学校都有自己的办学理念,几乎每一位校长都有着自己的教育理念,可是这些办学理念常常以枯死在宣传橱窗里而告终,以写在学校文件上而止步。不是这些办学理念不够好、不科学,而是在办学传统中形成的办学理念,没有与今天教师群体的信念相和解;校长个人冥思苦想出来的教育理念,没有经过教师群体的理解与体认。于是,一所没有灵魂的学校就这样诞生了。

教育共识来自"实践体谅"而非"理论说服"

曾经有一位老师向我抱怨,说现在的学生真的太难教了,你想尽各种办法,他似乎都不为所动。我说,如果我们的学生可以随随便便地听从别人的教导,那么这个学生是在变好的路上走得更远,还是在变坏的路上走得更快呢?诚然,我也相信教育是有规律可循的,搞教育也应该遵循教育规律,尤其是应该顺应孩子的成长规律,可是每一种规律在不同学生身上,在不同班级里,在不同学校中,表现出来是不同的,所以我们遵循和实现这种规律所采用的方法和举措也是不一致的。在教育中强求一致,本身就是对学生个性化和教育情境性的反动。

在教育教学活动中,并不存在直接的利益交易,也少了市场中面对面的讨价还价,于是大家觉得教育教学活动显得更加清纯与高尚,老师似乎也少了那份俗气与短视。但这并不意味着参与教育教学活动的各方,包括学生及其家长,老师及其学校,当然还包括学生与学生之间,学生与老师之间,老师与老师之间,老师与学校之间,就可以自动或者自然地在教育目标上达成共识。

学生在家里是"唯一",到学校就成了"之一",老师希望自己整个班级学得更好,但不等于班级里每个学生都学得更好;家长虽然也希望孩子所在班级能够学得更好，但他们更希望自己的孩子在班级里学得更好。作为班主任或者学科老师，虽然在班级里并不存在家长和你交易，或者学生和你谈判的情况，但如果你不能处理好让"整个班级学好"和让"班级每个学生学好"之间的关系，那就很难搞好"家校合作"，很难在班上营造一种和谐而又积极上进的班风。

正如每一位班主任、任课老师，都希望把整个班级教好一样，每一位校长也希望把学校办好。但是，不管校长的办学理念多么先进，没有一个管理干部是为了你的办学理念而工作的，他们也有自己的教育理想，也有自己的工作利益；不管学校的办学成果有多大，也没有一位老师仅仅为了学校办学成果而努力，他们还有自己的教育情怀、教育理想。因此，在学校中，虽然少了市场交易的那种尴尬，虽然少了面对面讨价还价的俗气，但不等于我们就可以否认对方对教育活动的利益诉求，就可以否认学校管理干部和老师的教育情怀、教育理想。

不管是在班级管理还是在学校管理中，我们都要遵循育人规律和管理原理，但遵循规律和原理的前提，是要凝聚人心和达成共识。你可以尝试用科学的教育原理去说服别人，也可以尝试用管理的权威去要求别人，但这一切只能让人服从和屈服，而不可能因此就把人心凝聚起来，因此就达成了共识。如果你有科学的道理和感人的情怀，肯定有利于你在班级管理和学校管理中凝聚人心和达成共识；但如果没有对他人的教育利益的充分考虑，没有对他人的教育情怀的充分尊重，没有对他人教育信念的充分信任，凝聚人心和达成共识就会离你越来越远。

教育共识总在"想得更高，做得更实"的地方

把管理定格在风气的营造和文化的形成上，当每一个人都因此而受益时，共识就存在于利益的交点上。一个班级好与不好，是不能通过考得好与不好予以评判的。如果这次考好了，我们就说这个班级是好的，那这次没有考好的同学，会不会有被抛弃的感觉；如果这次考差了，我们就说这个班级不好，那这次没有考好的同学，会不会觉得是自己损害了整个班级

的利益。我们要关心班级考得好还是不好，但作为教育工作者，更要关心考得好与不好的原因是什么。

事实上，在一个班集体中，班级如果风气很正，班级文化积极上进，哪怕这个班级暂时考得差一点，最终也会考个好成绩出来，而且给我们的还不仅仅是好成绩，整个班级在各个方面都将表现得很优异，因为风气弥漫在整个班级工作的方方面面。更重要的是，那些没有取得好成绩的同学，也会从良好的班风之中，从大家积极上进的文化里，获得进一步努力的力量，获得在未来取得良好成绩的信心。

家长会关心整个班级考得好还是不好，但他们更关心自己孩子考得好还是不好，一旦把班级建设的重心放到成绩上，不但凝聚不了人心，反而会让大家处于人人自危的竞争状态之中。

与之相反，当我们把管理定格在班级风气的营造和文化的形成上时，这就考虑到了班级中每个孩子的利益，也有助于每个孩子学习目标的达成。在学校管理中也是如此，不管教得好还是教得不好的老师，他们都是学校教师队伍中的一员，对教得好的老师，我们要看到他们的优点，表扬甚至推广他们的做法，但对于教得不好的老师，他们需要的是学校与同事的帮助，而不是把他们进一步孤立起来，并予以批评与指责。

一所学校好与不好，并不表现在单个老师身上，而是看整个教师队伍的工作状态与文化气质。当学校风清气正时，教得好的老师会带领大家教得更好，教得不好的老师也会因为大家的帮助而教得更好，这样的局面不就是大家的共识吗？

把管理定格在过程的优化上，而不是结果的计较上，大家都感受到优化过程的善意，共识就存在于那份善意中。当新生来到学校的时候，每个人都意气风发，对未来充满希望，不管是班级建设，还是学校管理，都是比较容易的。可是，当学生进入高三以后，学生间的分化就变得非常明显，学得好的学生会为了更好的未来而努力，这些孩子的家长也非常配合班主任和学校的工作，对于班主任提出的一些建议或者意见，他们也乐于接受并及时操办。

但这个时候，那些学得不好的学生，甚至包括他们的家长，都逐渐地站到了班主任和学校的对立面,当他们看不到自己的未来时,再好的道理与再有效的建议,都会被他们看成是班主任或者学校对他们的挑剔。这样的情况是非常容易理解的,当结果已经呈现在你面前的时候,再和你讲过去应该怎么样的话,丝毫不会让你感恩,只会引发你的愤怒:为什么在过程中你不提醒我们,为什么在过程中你没有教育我们!

在班级管理中建立诊断和形成性评价指标,对学生和家长建立反馈和预警机制,让大家关注自己在学习过程中的优点与缺点,从而保证通向目标的道路不会过于曲折,更不会突然脱轨,这样就有了过程优化带来的善意,而不是见到结果后的同情与指责。这样的教育教学方式应该也是大家希望的共识所在。

在武侠小说中,凡是练习独门绝技的,最后都难免走火入魔;在军事活动中,凡是孤军深入的,最后都难免全军覆没。在教育这条路上,不论是课堂教学、班级管理,还是学校管理,没有学生与老师在学习上的共识,再精彩的教学都难以有效达成教学目标;没有家长、学科老师和班主任之间的共识,再严厉的班级管理都难以实现育人目标;没有学生、教师和学校管理者之间的共识,再智慧的学校管理者都难以实现教育目标。

当我们的教育教学活动失去教育共识这个基础时,我们的投入与奉献往往换不来大家的理解与支持,留给我们的往往是越来越多的委屈与不解;当我们把教育教学活动建立在教育共识的基础上,我们将赢得大家的支持与参与,在教育教学的道路上齐心协力,共同进步!

(作者系华东师范大学教师教育学院教授、院长)

(本文原载于《人民教育》2016年第15期)

为名师成长加足"燃料"

龚春燕

教师的专业成长有周期性。在特定的周期内施加特定的影响，可以让一批教师成长为名师。从 2010 年开始，重庆市实施了中小学"未来教育家"和中小学"名师工作室"培养工程（以下简称"名师名家"工程），确立了 5 个名师工作室（学员 26 人）和 38 位未来教育家培养对象。经过五年多的实践，形成了"政府创设平台、专家引领指导、学员自我发展、团队共同促进"的机制，取得了良好的效果。

我们不缺名师名家的"种子"，要创造条件让"小家"变成"大家"

关于名师的界定有很多，我是这样理解的：名师（家）一定具有高尚师德，掌握了教育专业知识，具备不断获取信息、整理信息的能力；一定是爱孩子、爱学校、爱教育事业的优秀教师、优秀校长。这样来看，中国 1000 多万中小学教师中，不缺乏名师、教育家，而是缺乏对他们的发现、肯定，我们应该创造条件让名师（家）"长"出来。

通过培养，可以使教师从宽泛、低定位、小范围意义上的"名师（家）"向严格、高标准、大范围意义上的"名师（家）"迈进，由"小家"向"大家"靠拢，并且在成长过程中，可以通过其个性化、特色鲜明的教育实践，发挥其影响力，带动更多的教师、校长为教育事业作出更多、更大的贡献。为此，重庆市实施了"名师名家"工程。

遴选学员时，我们坚守了两个原则：一是注重培养对象的代表性。遴选范围涵盖了学前教育、中等职业教育等领域，包括公办学校、民办学校、城市学校和农村学校的老师，也包括管理干部，如区县教委主任、学校校长、教研机构负责人，还有学校教师教育科研人员。我们坚持"德、才、情"并重的选拔原则，把真正优秀的教师、管理干部遴选到培养对象中来。二是注重培养定位的高端化。重庆市教委按照"骨干教师、学科带头人、名师（家）工作室、未来教育家"的四级名师（家）成长路径，设计并启动了重庆市最高端的教师队伍的建设工作，帮助培养对象行走在成为巴渝教育家的路上。

名师（家）的成长具有社会性，主要表现在学校、家庭、社会等与教师生活息息相关的环境因素对教师的影响上。名师（家）是学校的文化象征，是教育人心中的理想。名师（家）也需要社会的认可，同时名师（家）的思想也会影响社会，推动社会的发展。

构建"九力"课程，形成价值共同体

每一位教师都有名师（家）梦，但往往是相当数量的教师怀抱美好的理想走上讲台，却在漫长的从教岁月中慢慢陷入平庸的沼泽。教师的人生如果黯淡，学生的生命就缺乏引路的心灵之光。

名师（家）的成长需要确立自主成长的愿望，而产生成为名师（家）的主观愿望和内在需要，还应有将思想意识付诸实践的行为方式，包括学习、实践、反思和研究等方式。

引导广大教师成长为名师（家），构建课程是核心。基于对名师和教育家的认识，五年来，我们初步构建了名师（家）培训"九力"课程。课程的目标、结构、内容、评价以名师的需要为基础，用大家熟知的案例进行分析，把名师的价值追求、专业精神、成长规律等凝聚起来形成价值共同体。

理想力课程：关键词是动力、目标和竞争。理想是名师（家）最重要的一环，你的理想有多远多高，就决定你要走多远、飞多高；理想是动力，是目标，更是一种竞争力。

学习力课程：关键词是读书习惯、淘书方法与思考领悟。读书是名师（家）成长的关键。怎么去淘书、买书、读书，然后悟出自己的东西，这是名师（家）的学习能力；读书要有自己切身的体会，把书读成自己的东西，这是关键。

精进力课程：关键词是教学准备、教学实施与教学反思。精进力是名师（家）的基本功，也是教师的专业能力。你对工作的执着态度、每节课后反思怎么上得更好、当工作中出现问题时寻找最佳的解决方式，这些都是精益求精的力量。

发展力课程：关键词是生活、时代与科技。名师（家）一定是与时俱进的，不能沉沦在过去对教学的理解。邱学华老师已经80多岁了，执教数学公开课时，会使用现代科技设备，并开设了博客、微信，和广大教师进行网络交流。

表达力课程：关键词是课题研究、撰写论文与大胆立论。名师（家）首先是研究型的教师，但光研究不行，还要写文章发表，让人们更加了解你所作的研究和取得的成果。同时还要善于表达、传递自己的观点和理念。

协同力课程：关键词是沟通、理解与尊重。有一个名师（家），就有一个团队，这个团队要通过什么样的方式来营造和理解？怎么形成真正的力量？这需要更多的人协同、合作。

艺术力课程：关键词是预设、生成与艺术。大家喜欢名师（家）的课，因为名师（家）对课程、课堂和学生的协调处理都有自己的一套办法，我们从中能看到名师（家）艺术性的积淀，看到他们对教育的理解。

创新力课程：关键词是新思维、新思路与新方法。对名师（家）而言，创新让他们的课堂给人耳目一新的感觉，包括选择的方式、方法。该课程的目的在于增强创新意识，塑造创新人格，发展创新思维，获得创新技法。

思想力课程：关键词是总结经验、形成流派和淬炼思想。名家名师名在思想，名在课堂，名在对教育的独特理解。因此，名师（家）要善于总结自己从教的经验和理念，提炼成思想和流派。

影响力课程：关键词是人格、学术与文化。名师（家）一定是有影响力的，包括学术的影响、文化的影响和人格的影响。

创新培训方式，让名师由"蛹"化"蝶"

重庆市实施"名师名家"培养工程，坚持专业培训和文化熏陶结合，教育教学理论培训与教育教学实践观摩结合，师德培育与从教情怀感悟结合，内外兼修，"术""道"并重，帮助培养对象从"德""能""才""情"等各方面找到提升的方向，最终实现质的飞跃，由"蛹"化"蝶"，进入一种新的境界。

在培训过程中，我们注重了六个方面：一是培养方式的多元性。集中研修和个性研修结合。集中研修包括主题研修、驻所研修、拓展研修。主题研修是每年组织培养对象到国内一流的高等院校等进行集中学习，提升培养对象的综合素养；驻所研修是组织理论导师与实践导师相结合的导师团队深入基层，为培养对象专业发展导航把舵；拓展研修是培养对象按照研修小组开展展示与研讨活动，每年定期举办论坛与讲堂活动、组织巡讲与交流活动。个性研修是培养对象根据自身专业发展定位的需要选择高校访学、名校挂职、实践研修等自主研修方式。

二是培训内容的拓展性。我们设置的培训内容既专且博，不只局限于教育学、心理学领域，还覆盖了国学、经济学、政治学、哲学、社会学、艺术学等多领域的综合性培训内容，以此打开视野，丰厚积淀。同时，还让学员走出去，学习其他地方的先进经验。五年来，有16人（次）前往美国、英国、韩国、澳大利亚、新加坡等国家，以及香港、澳门、台湾等地学习5—8天，有3位学员学习了半年。

三是培养学员的自主性。我们既依托西南大学师资团队资源，注重驻所研修，同时也强调学员在单位的自主研修。不论是办学特色凝练，还是校本课程开发，不论是教学模式架构，还是教学课堂打磨，不论是课题研究，还是个人论文撰写，我们都强调遵循理论支撑和实践发展相结合、基础研究和重点培养相结合的思路，为名师（家）培养提供理论指导和自主交流平台。

四是著作阅读的广泛性。我们强调多读书，为学员配备中外教育、心理学相关的著作，包括《论语》《孟子》《老子》等经典作品，也包括《第56号教室的奇迹》《大数据时代》等新时代的代表性书籍。学员们采用集体阅读和个体阅读相结合的方式进行阅读，并举行论坛集中讨论，他们观点新颖、论述严密，讨论时火花四射。这些阅读为他们的教学改革加足了燃料、蓄足了动力。在阅读中，学员们学以致用，广收博采，融合百家，自成高格，促进了他们经验的总结、思想的凝练、流派的确立。

五是培训导师的高端性。每位学员配置双导师，理论导师是来自中国教育科学研究院、北京师范大学、华东师范大学等单位的博士生导师，实践导师是教育部2005年"教育家成长丛书"中全国中小学教育领域的名家、大师。在两位导师的共同指导下，培养对象形成了个人发展规划，找准了自身定位定型，明确了发展方向和路径。

六是培训管理的创新性。政府利用行政资源提供财力支持和交流平台，专家从自身擅长的领域为培养对象的发展作引领和指导，培养对象组成团队在相互交流中共同进步，最终目的是为了实现培养对象的自主发展。我们制定了"名师名家"培养管理办法，对考核评估、结业答辩、高校访学、名校挂职和学术成果出版资助等都作了明确规定，给予了每位学员最大的发展空间。

（作者系重庆市教育评估院原院长，
重庆市"名师名家"培养工程项目主持人）
（本文原载于《人民教育》2015年第20期）

第四辑

有光、有花、有童话的日子

学生家庭背景变得复杂，教师如何装下所有学生

吴 非

一

上课间隙，有时我会想：学生这会儿在想什么？他们为什么会那样想？后来我知道，学生和我一样，也在想老师在想什么以及他为什么那样想。作为任课教师，我并不认为只要上好专业课就算完成任务。

当年我们总把学生当作"可塑性很强"的群体，谁承想，几十年间社会发生了那么大的变化，学校教育会出现那么多预料不到的状况！学生群体不再那么单纯，家庭教育背景变得复杂。教师不能选择教育对象，因此对其职业素养提出了更高的要求。教师必须遵循教育原则，同时必须是更有智慧的人，他对学生不能再用单一的教育法，他的教育教学要兼顾有不同背景与个性的人。

不同的家庭背景与境遇对学生的人格、性格可能造成影响，学生到了学校，教育就得发挥作用。如果要用相对公平、统一的尺度衡量学生并实施教育，我认为未必是考试成绩，而是个人文明修养，因为这涉及他在未来能否立于世。

我长期在高中教学，面对的学生，年龄在15—18岁。学生多为独生子女，而很多教师也是独生子女，这很有意思。考试制度稳定，不讲"家庭出身"和"政治面貌"，没有了"阶级""阶层"的标签，背景淡化，特权受到一定的遏制，人的"文化差异"也就显现出来。家长的教育观比较乱，

学生的思想和学习也会跟着乱，这就会呈现出各种意想不到的矛盾。但是，教师不能乱，教师的教育理想和教育原则不能变，方法则要应时而化。

二

最重要的教育观，是"人的教育"。教师眼中如果没有"人"，面对复杂的班级状态，肯定束手无策，他的教育教学也必然乱成一团。教师眼中有"人"，富有人道精神，面对学生时，他才能真正地"以人为本"，注重细节和习惯的养成，少犯错误。

目前社会最为敏感的是平等诉求，学校和教师都不可等闲视之。中国的文化积淀，有不少落后的因子埋藏在教育中，人分三六九等，官民之别，贫富之别，一直存在（否则中国文化不至于把"有教无类"当作了不得的原则），直到当下，仍然存在落后的"城乡之别"。比如，进城务工人员子女的入学仍然存在一些障碍，即使政府有应对措施，但由于生活条件差，这些孩子在校可能遭遇歧视，从而影响其健康成长。

我在江浦区五里村行知苑小学，听老校长杨瑞清和同事们讲述帮助外来务工人员子女的事，很感动也很难过。那些冬天里没有鞋袜的孩子，他们生活的地方离南京繁华中心有十几公里。怎样保护学生的自尊，怎样减少他们内心的纠结，往往不是靠教师慷慨解囊就能解决的。此类事宜细不宜粗，能不能说服班级节俭办事，减少活动开支，让所有的学生都能想到别人的难处；能不能提请学校制订由班主任掌握的资助或减免名单，形成制度，等等。无论如何，不让一人向隅而泣。不知为什么，教室里只要有一个学生郁郁寡欢，我就觉得自己的课上不好。

不久前某杂志微信刊出我的旧文，内中提及劝教师上课不要用"寡妇"这个词，防止心理敏感的孩子受伤。有读者困惑：诸如此类的事很多，教师一一关照，课怎么上？但我认为，只要教师心里有学生，办法有的是。比如，民间轻慢信仰与风俗的俚语，政治运动留下的伤痕，家庭不幸的记忆，个人遭遇过的挫折，等等，都可能给心灵敏感的学生造成痛苦。教师上课说话，能不考虑学生的感受吗？教师博大的胸襟充满仁爱，装得下所有的学生，就能装得下世界。

三

教师帮助学生是职责，不能要求学生报"恩"。曾有学生在随笔中提到"父亲又失业了"，我托班主任悄悄地帮了他几回，学生考上大学后来信感谢，说其实知道是老师帮他的。我没回信。这个学生毕业后找到了一份薪水较高的工作，我把喜讯告诉同事时，办公室的所有老师都欣慰不已（我很看重同事的这种情感），一个家庭终于度过了最艰难的日子。比这更令人欣慰的是学生在信中说：老师，我知道怎样报答社会。这就对了，教师无论如何不要把学生当作"私产"，否则教育的性质就变了。

我和一些有过各种困难的学生成了对话者。我们交流对问题的看法，但我从不试图"改变"他们，我努力去想他们选择的合理性。我认为，总体而言，学生还是向往美好人间，向往真善美的，这或许取决于教师的教育姿态和价值追求。教师境界不高，学生的困惑会变多；但也存在另一种可能，即学生因此学会混世，如果老师是个乡愿，在他的影响下，学生群体可能会庸俗化、社会化。

虽然一直在一所学校工作，但所带的班级也有不少差异。1987年我带南大少年预备班，学生年幼，多数来自农村，为了让他们熟悉南京，星期天我常带他们外出参观、游玩。有次在博物院大厅，正向他们讲解，有个学生大声地往地上吐了痰，我没出声，蹲下，用手帕擦去地上的痰，悄悄扔进垃圾箱，然后低声对大家说："这是城市，要注意。你们以后都会是知识分子，不能随地吐痰。"我在做这件事时没抬头，是不想让那位同学难堪。我想的是：他肯定明白了，他以后想吐痰时能记起我说的话。

不管面对什么样的学生，也无论学生有什么样的困难，"教师的样子"最重要。我认为，只要教师有原则、守常识，任何复杂的问题都不难解决；作为教师，处置问题不能偏向任何群体。做一件事，会不会引发负面影响，会不会留下不良后果，要有预估。如时下非常流行的"成绩排名次"，对学生的伤害是长期的。有班主任把"名次榜"公然贴在教室讲台边——这种事做了，还有什么错事不敢做？有两位任课教师见到班主任在教室张贴测验名次，先是耐心劝说，劝说他取下之后，再告知校方，建议重申校规，以绝效尤——宁可得罪同事，也不违背教育原则，这才是对学生对学校负责的态度，学校有这样的教师，学生才能真正地"成人"。

一个学生毕业多年后打电话邀请我聚会，但没留姓名，自称"当年我在班上成绩不行，老师不一定记得我"。我回电严厉批评，告诉她：整个班的语文是我教的，你这样说话，不像是我的学生，我从没以成绩论人，你的话让我生气——教育要教会学生自由平等、自尊自强，学生毕业多年，仍没从成绩阴影中走出来，这就是说，我的教育任务没有完成。我因之感到沮丧。

无论学生之间存在何种差异——家庭背景、学习成绩、性格特征、志趣爱好等等，都可以忽略，但在一间教室里，所有的学生都应当成为文明人。学生有教养，"融合"就不是困难。学生友爱，是人生幸事，教师为什么要说"重友情也要重视成绩"？（小学生家长要求孩子"和成绩好的同学交朋友"，也是很混账的话。）应试教育鼓吹竞争，同窗友情变得淡漠。有次进教室后，我看到有课桌空着，记起这张课桌昨天也是空着的，于是有所不安，问："他怎么没来？"周围几个学生摇头表示不知道。我无法克制自己的愤怒，发了火："同在一个班，邻桌两天没来，竟然无人关注，这是什么集体？"这个班有20多个"三好生"，高一时该班还被评为"文明班级"，学生竞选班委颇有豪言壮语，怎么会说一套做一套？那天我严厉批评了他们半节课，事后听闻有家长到校长那里去投诉我。他投诉，我不在乎，我在意的是我教的学生是不是正常人。学生如此冷漠，教师为什么不能生气？孔子遇上这种事，也会生气的。

四

教师的职业，要求他眼中看到的是"人""生命"，而非尊卑贵贱的等级标签。在教室里，我常想，我面对的人，在未来要成为劳动者，要成为父亲母亲，他们要组成"社会"，他们要担负建设新的文明的责任。因此在这个年龄段，教育要培养他们共同的价值追求和良好习惯。他们的灵魂中应当有这样一些元素：人、人性、生命、仁爱、友情、善良、正直、诚实、坦白……有了这样的品格和修养，当他们站立在社会上时，就能有公民姿态，有担当。如果我们容忍向青少年灌输"我死之后任凭天塌地陷、洪水滔天"的人生观，必将给自己留下无尽的职业耻辱。

我希望教过的学生能"走得出去""站直了做人"，否则我的工作没有价值。我最怕学生变得庸俗猥琐，我常告诫学生："你有许多自由，但不是什么事都可以做的。"学生不会独立思考，价值观出错，有可能无所忌惮地做坏事。1996届学生的毕业典礼上，全体高三教师致辞，大家让我第一个讲（也许他们认为语文教师肯定最能讲），我只说了四个字："做个好人。"不久前这一届有个班纪念毕业20周年，有学生发言，说一直记得老师说的"做个好人"。我说："看来，至少到目前你仍然还是好人。"大家都笑了。"做个好人"，容易吗？不容易，但也不难。

基础教育就是打底子，在这个年龄段，文明教养是一点点地聚合的，教师不能大意。学生不敢奢望教师个个都是指路明灯，至少他能找到值得尊敬的教师，有人格魅力、有智慧、有办法的教师，让他不至于蒙受屈辱。

我在教学中想过，规训虽重要，但比规训更重要的是教师的教育姿态和情感。引导不同环境背景的学生成长，还要注意接受教育过程中的趣味，教育要培养优雅而有趣味的人，一个群体能关注自我品质，能够追求生活趣味，那么，文明就能成为共同追求。教师本人也应当是优雅而有趣味的人，我们社会太缺少这样的人群了。

一个成天唉声叹气翻看学生成绩册的教师，一个因学生家庭背景而生出势利眼的教师，一个只知道鼓励学生"拼搏"、追求"成功"的教师，他的表情、眼神都可能成为学生的噩梦。

（作者单位系南京师范大学附属中学）
（本文原载于《人民教育》2016年第15期）

此生迷上语文课

黄厚江

有年轻教师把我当作有成就的人,问我如何达到今天的高度的。我说:热爱语文吧!这不是套话、大话,因为唯有发自内心地热爱,才能使一个人不离不弃、痴迷执着地去做一件事,才能够做得好并由此感受语文教学带来的无尽快乐。

语文教学很好玩,语文教学值得我们用一生的热情和智慧去热爱。这是我经常说的话,也是我发自内心的感受。而且,我觉得我们有责任让学生和我们一样觉得语文很好玩,让他们和我们一样热爱语文。有老师让我题词,我常常写:让学生热爱语文是语文教师最大的责任和幸福。

1980年师范学校毕业后,我来到一所大队公社中学,我的理想就是做一位学生喜欢、领导放心、家长认可的教师。而要实现这个看似朴素而简单的目标并不容易。

一般说,学生喜欢了,领导就放心,家长就认可。可是怎样让学生喜欢呢?当然要依靠课堂。于是,我用心琢磨课堂教学。那时候,没有教研活动,没有教研员,学校里连一本专业的杂志也没有,更没有什么师徒结对、专业培训和名师培养工程。所以,每学期一拿到新教材,我就选几篇课文进行深入研究,琢磨着怎么教学生才会更喜欢。这让我渐渐摸到了课堂的门道,学生也越来越喜欢我的课堂。他们的眼神,他们的热情,他们的夸赞,他们优秀的成绩,都成了我最大的快乐。渐渐地,也有同行愿意来听听我的课,不为别的,只是因为听学生说黄老师的语文课好玩。很多家长也常常当面或者背后夸我，说孩子以前不喜欢语文课，现在喜欢了。

和年轻教师们谈专业成长，我常常告诉他们：每学期好好打磨几节课，有时间常常"听听自己的课"，这是非常有效的办法。

1988年，江苏省首次举行的课堂教学比赛便从语文学科开始，我作为一名乡村教师，从学校到公社，从公社到由几个乡镇组成的片区，又从县到市，再到省里，都是一等奖的第一名。应该说，自发而自觉的课堂研究是我成功的一个极其重要的原因。我至今还保留着每学期打磨几节课的习惯。不少课已多次公开展示，获得了不少认可，但我还会再琢磨不同的教法，所以我的许多课都有不同的版本。

有人问我：什么样的教师才能算真正的特级教师？我说：我心中的特级教师，就是教了30年书还喜欢上课的教师；就是走进课堂就陶醉，自己陶醉，学生也陶醉的教师。课上不好，不敢上课，不管发表了多少文章，不管名气多大，也不是真正的特级教师。

我不知道自己的说法是不是有道理，但我始终是这样要求自己的，也从中获得了无限的快乐。每当我走进课堂，学生的眼神就给了我最大的幸福；每当我走出课堂，学生就成为我的牵挂，让我无法割舍。这几十年中，命运给了我许多次离开课堂的机会，市委的党史办公室想调我过去，一个大型的出版社找过我，市教育局教研室找过我，多所高校找过我，就在最近，还有一所很著名的师范大学要调我去。说真的，面对比较轻松的工作，面对大城市的召唤，面对高薪的诱惑，我不是没有动心，但一想到要离开课堂，我就选择了放弃。因为这些工作都无法给我带来源于课堂的快乐和幸福。

用思想引领课堂，用课堂表达思想

20多年来，上公开课成了我一个很重要也很平常的任务。在省里获奖之后，当时的县教研员也是我语文教学的启蒙老师丁如愚先生便带着我到各个乡镇去巡回上课，后来还到几个邻近的县去上课。让我开一节课，成为学校每次对外教学研究活动的保留节目。县、市、省要举行语文教师的活动，也常常指定我上公开课。当然，有成功的，也有失败的，但收获总是丰富的。我从中渐渐感受到语文学科和语文课堂巨大的内在魅力。

有一段时间，很多人对公开课的利和弊提出不同意见。作为公开课的受益者，我态度鲜明地认为：公开课对于年轻教师的成长，对于语文学科的课堂教学改革，无疑是利大于弊的。至于公开课中出现的一些虚假现象和形式主义的问题，并不能成为否定公开课的理由。

新一轮课程改革启动之后，由于我是两套初中教材和一套高中教材的主要编写者，在教材使用培训的过程中，我常常要根据教材组的安排和一线老师的需要，用具体的课堂告诉老师们新教材应该怎么使用，新课程的理念应该怎么体现。我的讲座和课堂受到了许多老师的欢迎，很多地区进行新教材培训时都向教材组提出，希望我去开课和作讲座。有时候，不同版本的教材在同一个地区同一个地点培训，参加其他版本教材培训的老师还会偷偷跑到我的教室来听课，甚至有其他学科的老师跑来听课。

有一次省级教研活动中，我执教了一节作文课，一位历史老师听后不仅和我当面交流，还写了一篇数千字的评述，令我非常感动。在某地讲座结束之后，录像的老师特地跑过来紧紧抓着我的手说："黄老师，你讲得真好！语文老师就应该这样上课。"

还有一次到一所学校上课后，我因事要提前离开。当我走到学校大门口时，正在执勤的两个保安人员竟走过来对我说："老师，你的课上得真好！"我是个普通人，能得到这样的鼓励和肯定，还有什么比这更幸福的呢？

近年来，由于国家对教师队伍建设的投入大幅度增加，各种各样的培训非常之多，上课和讲座的邀请让我应接不暇。我几乎每个星期都要上公开课，这么多年来到底上了多少节公开课，我自己也说不清楚了。好心的朋友劝我，开开讲座就行了，上课风险太大，万一上砸了，坏了一世英名；爱人担心我太累，劝我少接这样的"活儿"，有时候还告诫我不要贪图那种被簇拥的虚荣。说真的，被人拥着签名拍照的感觉的确不错，但并不是我在乎的，我真正在乎的是课堂上的那种感觉。能常常在不同地方和不同的学生上课，感觉真的很好。有时候活动主持人说孩子们能遇到我很幸运，而我觉得真正幸运的是我。作为一名教师，还有什么能比这更幸运更幸福的呢？

2012年，全国中语会在苏州中学召开"黄厚江本色语文教学研讨会"。我原准备上六节课，从初一到高三六个年级，上不同文体的阅读和写作等六个不同课型。活动组织者都劝我说这样太累了，说别人开研讨会常常是其他人上课，其他人作讲座，自己能上一节课就不错了，有的一节课也不上。这些情况我不是不知道，但这不是我的风格。我坚持要"用思想引领课堂，用课堂表达思想"，在我看来，不能用课堂表达的教学思想，其价值都值得怀疑。当然更重要的是，我热爱课堂，我要用我的课堂来表达对课堂的热爱。后来在爱人和朋友们的坚持之下，我上了四节课，开了两场讲座。累是必然的，但看到来自全国各地的老师把会场挤得水泄不通，不少老师席地而坐，展台前后的空隙也都挤满了听课的人，我一点也不感到累。

我对语文教学精彩世界的不断发现

我不仅从自己的课堂中获得幸福，还在和同行同道们磨课研课的过程中获得快乐。在刚参加工作的时候，我就自发地和我的几个同学开展磨课活动。那时候对课堂的理解还是比较肤浅的，更缺少理论的引领，但那种坦诚无碍的交流方式，以及大家对语文课堂纯净的热爱，至今还让我感动。调进盐城市第一中学和苏州中学之后的集体备课，使我看到了老前辈们的敬业精神和严谨作风，也使我对语文课堂更加敬畏。现在，我经常应邀和一些年轻教师磨课，也经常应邀在大型教学活动中评课，研磨课堂已经成为我工作中非常重要的一部分。

大家都知道，现在评课的风气并不是很好。但不管是小范围的研讨还是大型的活动，我的评课总是秉持坦诚的态度，不虚美，不隐短，既肯定可取之处，也直言不足所在，既指出问题，也说出改进的思路。承蒙大家的宽容，至今还没有人对我的评课提出严重批评。而我也在和大家交流的过程中不断长进，享受着语文带来的快乐。

最近几年，我在全国设立了几个工作站。我和各个团队的成员们一起研究语文教学，交流语文教学的体会，突破语文教学的难题。我们的工作重点就是研究语文课堂。有时候是一两位年轻教师上课，我带着大家一起评点；有时候是我们一起去参加大型的教学活动，听完课坐下来一一讨论分析；有时候是我和他们一起上同一篇课文，进行比较分析；有时候我也会上一节没有进行任何加工甚至是从来没有上过的粗坯课，让他们来打磨；有时候相互启发后再上一节课，再进行研究分析。形式多样的研磨课，提高了我们教学的专业素养，也让我们发现了语文课堂更为丰富和巨大的魅力。

有老师问我是怎么写出这么多的文章和专著的，我说：我喜欢啊。在我看来，读一点书，思考一点语文教学的问题，发表一点语文教学的论文，出版一点语文教学的专著，实在是快乐的，实在是幸福的。迄今为止，我发表了500多篇论文，出版了15本书，获得了省政府教学成果三项特等奖，获得一项国家教学成果奖。而这些都只是皮相，背后而内在的是我对语文教学精彩世界的不断发现。随着我对语文教学研究和探索的不断深入，我提出了一系列教学主张，总结出了自己的教学方法——语文共生教学。而这个过程中，我收获了无法描述和无可比拟的快乐和幸福。因为当我们登堂入室，窥见了语文教学的堂奥，我们就能发现语文教学更为迷人的所在。

（作者单位系江苏省苏州中学）

（本文原载于《人民教育》2016年第17期）

我的专业生活札记

张克中

2005年秋天,华东师范大学的胡惠闵教授在学校艺术楼剧场作了一场题为"学校本位的教师专业发展"的报告,那是我第一次听到"教师专业发展"这个概念。其时,教师专业发展已经在高校学者的研究里到了学校本位阶段。

这样的学术接触让我既惊讶又羞愧。在走上教师岗位16年后,我才突然意识到漫长的16年间,我所有的教育行为并非真正的专业行为。专业意识、专业思想、专业技术、专业伦理等这些体现教师作为专业者的要素,我欠缺太多,我离合格的教师相距甚远。尽管我也作研究,也进行个人的实践反思,也向他人学习,但没有专业意识、专业观念、专业能力作背景和支撑的职业行为,注定不是专业的自觉,也注定与专业者的专业品质相距甚远。在报告会的现场,我暗自惭愧,若从专业的角度考量,我们有太多的人是不合格的教师,尽管我们也会有许多的职业行为符合专业技术的要求。

胡惠闵教授的报告对我而言是一种专业意识的真正启蒙,之后有意带着专业的意识去审视自己的职业行为后,我才渐有一些专业生活的味道。再读教育理论书籍,就有了新的归属感;再进行个人的实践反思,就有了真切的方向感;再与他人合作,就有了更好的目标意识;再进行学科研究,就有了专业视角;再与家长、学生交流,就懂得什么样的话语和方式更符合专业伦理的要求。

我前后大约用了四年的时间,铺垫了我的专业生活基础和习惯。以阅读教育理论书籍为例，2005年是我阅读的起点，那时读理论书常常一知半解，出于对专业的尊重，我就常常回读那些枯燥无比的译文。好在读书是一种自我需要，好在那时住在学校，夜晚我有大把属于自己的时间。前后有三年的光景，我把自己交给专业书籍，在夜深人静时读书补课，读累了，就站在办公室的窗前，聆听沪宁高速公路上的车流声，默望其实在夜晚根本看不到的惠山。偌大的校园空空荡荡，除了学校门房的灯光，就只有我的办公室还有灯火。但我并不觉得清苦，反而有一种难得的喜悦。孤独可能有许多种，寂寞也是，为专业补课的寂寞，我反而欢喜其中那份难得的清静与澄明。

与此同时，学校自2006年开始着力构建教师专业生活框架，让我有了更多的同行者。一是开展了三次学科规划。由重点关注学科成绩向重点关注教育价值渐次转变，这是教育价值观的统一，也是教师专业信念的确立。二是探索课程变革。课程变革实践的视点由教学、学习转向生命成长，这是教师学科价值与使命的认同过程，也是教师在实践过程中对专业价值认同与坚守的过程。三是利用一次又一次的项目研究把教师推向了专业研究的轨道。这种专业研究既有个人的专业研究，也有团队的专业研究。四是用三年的时间让教师回归阅读。学校用影响、带动、渐进的策略让教师找回了自己内心对阅读的需求。如此的学校行为，让教师整体在专业意识、专业信念、专业追求、专业实践、专业研究、专业合作等方面，都有了不同于以往的变化，我们逐渐形成了共同的教育价值观。在学校制度的规范下，教师开始拥有专业发展的自我习惯和主动需求，阅读成为风气，课程和教学研究成为专业自觉。这些现象的出现，都是锡山高中教师有了高品质专业生活的标志。

今天回首专业发展之路，就我个人的实践体会而言，我认为教师的专业生活除了发生在学校这种特定教育环境里之外，也可以扩展到生活常态中，与生活融为一体，在学校之外的旅行、艺术欣赏、社会调查等等都可以成为自己专业生活的一部分。在我看来，拥有高品质的专业生活，教师应该有正确的专业信念和专业追求，能自觉承担专业责任，其专业研究是教学实践中的常态表现，课堂教学是专业的实践而非经验的行为，他的专业视界足够开阔,所有的教育活动都能最终指向学生健康快乐地成长,专业实践结果也确实带给了学生真切的个性成长帮助。另外需要特别强调的是,高品质的阅读应该是教师个体专业生活必需的一部分。

如果一名教师有清醒的专业信念,并自觉地以专业的态度对待自己的教学实践和教学研究,那么他就正处在自己的专业生活里,品质的高低取决于他是否已经视专业生活为职业的常态,并已从中收获了属于自己的专业幸福。

在我近年的专业生活中,以课堂教学为例,文本的审美发现成为我课堂教学的主要目标。因为它指向独立的阅读能力培养,这种批判性阅读能力的培养,对形成学生的发现能力和创新思维能力有很大帮助。我在上海《文汇报》副刊"笔会"开有"语文笔记"系列写作,呈现的就是这种专业实践。课堂上,学生对蔺相如形象的大胆质疑,对鲁迅在《祝福》中绝望到悲悯情绪的发现,对欧·亨利小说《最后的常春藤叶》中老贝尔曼形象意义的崭新判断,对史铁生在《我与地坛》中表达的新体认,对《雷雨》中鲁侍萍形象的颠覆性理解,对孔子在《季氏将伐颛臾》中愤怒的逻辑理解……都让作为教师的我收获了快乐与感动,而这种幸福感的到来,我以为就是基于专业生活的品质。

教师专业生活对每一位教师个体究竟意味着什么呢?如果我说专业生活对教师个人意味着一种专业要求、职业责任和职业良知,在现实的教育情境下,有人会说这是一份苛求。我明白。然而作为一种实践,同医生专业一样,教师专业同样具有价值冲突性、复杂性和不确定性,但教师的专业性也正是在处理实践中的复杂和不确定的问题时才充分体现出来。如果我们能够真正理解并接纳教育的最终目的是让人成为人的话,那么人在成长中的复杂性就需要教师必须拥有专业生活。我们选择了一种专业,也就意味着我们要承担一份专业责任。

每一个生命其实都需要价值肯定,作为教师同样是。对专业的追求不应该是一种外力的强迫,而应该基于教师自身对专业的自觉。这是一种身份认同后的使命承担。我有时会把目光投向民国时代,看那一代名师如何明确自己的专业生活内容,如何理解专业生活对自我人生所具有的价值与意义。在那个时代，他们同样面临着复杂的人际关系，同样面临着并不理想的学校环境，他们在追求自己的专业生活过程中遭遇的困难与痛苦并不少，遇到的诱惑与尴尬也很多，但因了一份专业的责任、坚守与内心的平静，其收获的专业生活的快乐不仅让人动容，也让人心生暖意。所以，今天我们应该认识到，教师不仅是一份养家糊口的工作，还是一种专业，我们选择了教师职业，就要坚定地选择教师专业生活。两年前，我在《文汇报》提出教师要过专业生活时，遭到了不少业内人士的批评，但今天我仍然要说：教师要过专业的生活。只有建立在专业行为上的教育，才是理想的教育。孩子来到学校，教育者就应该帮助他们经营未来的世界，而不是复制教育者的过去。他们的成长和未来的世界，需要我们现在的专业付出。

（作者系江苏省锡山高级中学语文特级教师，教授级中学高级教师）
（本文原载于《人民教育》2014年第17期）

有光、有花、有童话的日子

张学青

小时候一睁眼就可以看到渺渺茫茫的太湖,真是"一泓阳光晒透的清水",人生中我能体会到的第一片光芒就是我身边的这一眼望不到边的湖光了。东太湖边有一个小村镇——更楼港,这就是我出生的地方。

我是家里的第二个孩子,我像父亲也像母亲,母亲是我的港湾,父亲给了我温暖。我的父母深信淳朴的人性、慢与耐心,并且始终认为这在离土地最近的人身上依然完好地保存着。有了淳朴的人性、慢和耐心,你便可以养花了。父母都喜欢花,我也喜欢花,我养的各种各样的花颜值似乎格外"高妙"。然而,我的童年没有童书、童话,只有一张张不断变幻着的江南水乡"童画",这一张张"童画"后来成了我面对困难、解决困难的力量源泉。

青葱时代,读完师范的我又回到了"童画"里,回到了生养我的乡村,成了一名乡村女教师。我教师生涯的第一站是更楼港小学。这是一所乡村辅导校,很小,六个年级四个班,一百多个学生,九个老师。我教过复式班,教过数学。最后一节公开课《凡卡》,让我从村小调到了庙港中心小学。今天,那一段乡村教师的日子依旧是沉淀在我心底的一片湖光。父母亲种了许多普普通通的花,我也不及细看。我细看的是父亲每当听见我教过的孩子的父母夸赞我时就会喝得醺醺然的样子,我细看的是在家里听我试讲后用特殊的普通话告诉我"真好"的母亲的样子,那时的生活很简单,只有泥土的味道,父母美好的样子便是我那时"童画"中最美的风景。

当太湖那一片水光"晕"出的"童画"成为背影的时候，三十好几的我，从乡村跑到了城里——吴江市实验小学。进了城，离开了土地，特别想种花。有花的日子才美，美美的生活才不会倦怠。每种花都有它的品命，讲规矩，不随便，但自在。我养花就是图个自在。

那一段时间，养花、读诗成了我的生活。读泰戈尔、纪伯伦、里尔克、叶芝、华兹华斯、聂鲁达、帕斯捷尔纳克、洛尔加等一批伟大诗人的作品，才知道诗歌的高度在哪里。用纪伯伦的话说，"它是从流血的伤口或微笑的嘴边升起的一首歌"。古代诗词我也喜欢。一本《唐诗鉴赏辞典》，每年暑假都要请出来回读、抄写。平平仄仄的"旧时月色"，教我沉静，也教我深情。与读美妙婀娜的诗不一样的是，我喜欢养质朴而有耐性的花。慢和有耐心是泥土的本色，我进了城也未敢忘却，其实教育又何尝不是如此呢？慢慢来，耐心点，再耐心点等待，像泥土地上的农民一样守望庄稼合乎季节的成熟，难怪教师又叫作园丁呢。

住进城里我喜欢养墨兰。墨兰容易养，总是意外地拔出几株花剑来，一株一株慢慢地开，色彩不算鲜亮，样子不算曼妙。我曾经觉得它小，也曾嫌弃它的花色有点污，可是它一点不嫌弃我，一连开了近一个月，仍然那么好，最难得的是隐隐还有幽香。

同样有幽香的是栀子花，与种在泥土中的相比，我更加喜欢折下一枝插进透明的玻璃花瓶的栀子花，那股幽香足以令人心醉。我喜欢在案头插各种各样的花，用不同的花瓶，有陶的、玻璃的、木头的，有时觉得碗碟之类的也都可以插上花作清供。身边有花，便有了一种柔和的心情，这种心情才会让自己更契合于教育的生活状态，每每日暮甚或夜静，我会在插着花的窗前发呆，会时不时地想，我今天如同这花儿一般有着柔和的微笑了吗？

每到岁暮，我总要养一盆水仙作清供。起初这些长得像庙港大蒜的东西并没有什么好看的，它也不争辩，因为它知道，它的心里孕育着花苞，只要等待，它终究会清香远逸。有一次我用早了矮壮素，但水仙最后到底还是开了，还蓬蓬勃勃地开了一屋子的清香。其实每一朵花儿都会绽放，我们不要急，完全可以慢慢来。

围在我身边的除了花儿就是孩子，孩子如同花儿，我对孩子的目光如同园丁对花儿一般的深情。养花需要深情地施肥、浇水、翻土，因为花木有人情。对待孩子更需要温和、坚韧、信任、等待，如同我小时候看到的那一片太湖的水光，总是在静静目送着远去的橹声和等待归帆的笑靥。

我喜欢让孩子们一边阅读一边记录自己的成长，他们每个人都有一本《我的成长阅读故事》，一个班的记录本就构成了我和孩子们的精神家园。从乡村小学开始，我就带着孩子整本书、整本书地阅读。毕业的时候，我会花上好几天时间，编一本班级刊物作为纪念：《那一年，我要毕业》。看着孩子们喜欢上了一本本书，我就开心，像一个农夫看着麦穗已经拉弯了麦秆一样。

最开心的事莫过于读孩子们的日记了。说着"童"话的孩子才是真的孩子！进城了，我的"童画"在身后了，我必须更加关注童话了。我拼命地读童话，读绘本，看儿童电影和儿童剧，这是在补回我不一般的童年。虽然在情感上我还很容易沉浸在已经逝去的童年的湖边不能自拔，但是我知道，身边的孩子需要有童话的童年。我看儿童电影《小尼古拉》会生出很多很多的感慨，我在"我们的电影院"里和孩子们一起看《极地特快》。在读书节的时候，我们的校园里满是穿越而来的孩子，他们穿着诸如白雪公主、狼外婆的衣服演绎着各种儿童剧，看着孩子们享受阅读的童话表演，我的心醉了。当然也不都是童话剧，也有孩子扮演刘关张、唐僧、孙悟空，演绎着我们的各种经典作品。每每看到这样的校园的时候，我就会想起野外的三月三，想起童年的野火饭、咸肉糯米蚕豆饭。校园的田野感能给孩子一生自由发展的力量！

给每一个孩子自由成长的力量，说说容易做起来难啊。除了有光、有花、有童话，还要有经典。

涉过童话这一条河，我重又回到中国经典作品的大河中来了。我开始从诗经、楚辞读到唐诗宋词，从司马迁、陶渊明读到李白、杜甫，从鲁迅、冰心读到茅盾、巴金。周作人、老舍、汪曾祺、孙犁、钟叔河、流沙河、萧红、董桥、白先勇、张晓风、席慕蓉、三毛、林海音……谁的作品都买来，有空就读上一两篇。鲁迅有戾气，周作人爱掉书袋，我独爱的还是沈从文、汪曾祺一路，包括后来接触到的苇岸、刘亮程、高尔泰等。沈从文是寂寞的，他的作品一度受到冷遇和误解。沈从文先生是一条澄澈的河，他的性情就像河水一样，至刚至柔，有德有仁。他的作品有一种很亮的橙色，因为他对全世界、全人类皆那么爱着，十分温暖地爱着。他不习惯大喊大叫，但他的作品中有一种燃烧的感情，是对于人类智慧与美丽的永远倾心与赞颂。"温和而坚定"——我想它渐渐地占据了我性格的内核，成为一种做事的信念。

于是我通读了《沈从文全集》之后编选了《小学生沈从文读本》，很荣幸的是，初稿之后收到了钱理群先生七千多字的修改意见，我收获的应该是"经典"的力量！我便在学生中开了沈从文作品选读课，孩子们出奇地喜欢，大概沈从文的文学家园里也有个童话世界吧。

我就这样一路在乡村的田埂上走着走着，光着脚，真切地感受着泥土的温度。迎着额前一缕阳光，心底始终绽开美丽的花儿，我在"童画"里，我在童话里，不知疲倦地走着。

真的！有光、有花、有童话的日子很美：我不知道我会走多远／但我知道我心底有一缕阳光／我不知道我在那辽远的乡村还会跑多久／但我知道我心底有一瓣芬芳／我努力地想走得很远很远／是因为我始终相信美丽的远方／我努力地想不倦地奔跑前行／那是因为我坚信每一个生命都会精彩绽放／也许我坚信疲惫了会去做一个梦／梦里可能什么都会模糊／孩子，一群孩子却在梦中央／让每一个孩子成为童话／让每一个孩子在童话中成长／有光、有花、有童话的日子／多么得美，多么得好，多么得美好……

（作者系语文特级教师，单位系苏州大学实验学校）

（本文原载于《人民教育》2016年第17期）

教育人生的美感和质感

任小文

我时常在想,"江苏人民教育家培养工程"给我带来了什么?是他人眼中的一份荣誉,还是我生命旅程中的一份幸运?似乎都不是。我只知道,近五年的培养,让我在不知不觉中发生了嬗变。这种嬗变,有春蚕织茧般的缓慢与艰辛,也有化蛹为蝶般的突然与惊喜。回首过去,我猛然发现,今天的我其实已经是一个全新的我。此生既已为师,便注定与教育相依相伴,而"高度、深度、广度、温度、风度"这些更具立体美感和生命质感的词语,或许更能体现我对教育人生的某种追寻。

教学研究:不同的角度带来不同的高度

2009年是我从事教育工作的第25个年头。在这之前,我幸运地成为江苏省生物特级教师、江苏省首批教授级中学高级教师。这样的荣誉是对我教学工作的肯定与褒奖,然而此时的我却处在了教学的迷惘期:该从何处着手来进一步提升我的教学呢?

在一次学习活动中,崔允漷教授谈及校本教研与专家型教师的话题时提到,通过对世界各国教师专业标准的比较研究发现,教师成长的共同趋势是:学会理解、尊重学生,致力于每一位学生的学习与成长;具有促进学生有效学习的教学实践技能。这一结论深深地触动了我,因为我的教学更多的是从自我出发,考虑的是如何完美我的教学,很少考虑到学生。也许潜意识里考虑过学生,但几乎没有真正在意识层面上考虑过如何从学生"学"的角度去构建我的课堂教学。在这种认识的基础上,我开始进行一次全新的教学研究。

重新出发的过程很艰难。"学"的角度有哪些?何为学习?面对这样的问题,我哑然了。于是我开始了漫无目的的阅读,然而翻阅理论书籍的过程很痛苦,因为教育理论功底特别是相关心理学理论的缺乏,让我的阅读经常处于茫然状态。我向陶洪教授说了我的困惑,陶教授给出了建议:"你可以看看相关的文献,例如一些硕博论文,从中聚焦自己的研究方向。"因此我开始带着问题去读相关文献。很快,那种茫然的状态有所改变了,我渐渐明晰了自己教学研究的方向。

然而,新的困惑又出现了:该如何进行研究?我尝试着做了一个研究方案,崔允漷教授给予了真诚的批评,并且提出了具体的修改建议与方法。面对导师的批评,一开始我并不能接受。我觉得作为一线教师,我没有深厚的理论基础,只能进行"草根式"的研究。但多次阅读崔教授给我的建议信后,我慢慢认识到问题所在:我缺乏对科研的基本认识,缺少开展科研工作的基本方法。于是,我重新制订研究方案,慢慢体会导师所说的诸如"概念化""研究结构"等术语,我的教学研究工作逐步走向高处。

"学生现在在哪里?我们要把学生带到哪里去?我们如何带学生到达那里?"这是崔允漷教授经常提醒我们的几句话,这几句话一直激励着我不断改进课堂教学。正是这种思考角度的变化,带来了教学研究高度的变化。我对教学的理解,也慢慢从一线教师的经验层面提升到更有理论高度的境界。

教育思考:发现一个更有深度与广度的世界

一直以为,作为一名教师,我要关注的只是教学,只要关注如何上好每一节课就可以了。至于教育,特别是教育变革,似乎是校长们才应该关注的话题。然而五年的培养让我深刻意识到原来的想法多么狭隘而肤浅:作为一名教师,是不可能也不应该绕开教育去谈教学的。因为教师不是工厂化作业的操作工,教师面对的是一个个鲜活的生命;教学不仅是知识的传授与学习，更是思想与思想的交流、灵魂与灵魂的对话，还是人格与人格的碰撞、生命对生命的责任。

石中英教授提到过一个案例：一个班里有个智障儿，从这个孩子一年级起，老师就要求其他孩子不要去"打扰"他，于是这个孩子如同空气一般"默默"地在班里待了六年！这个案例让我想起了自己的一段经历。在我任教的班级里，曾经有过一个精神分裂的学生。当这个学生症状好转回到学校后，班主任"善意"提醒我不要去管她，只要她不出事就行。幸运的是，我没有听从班主任的建议，而是力所能及地去关照她：每次上课我都帮她把教材翻到指定的页码，每次进行分组讨论学习时，我都悄悄地请几个学生邀她一并参加……这些做法仅仅是出自教师的本能直觉和一个母亲的情怀。听了石中英教授的案例后，我真的有些后怕，如果当时我听了班主任的劝告，那么今天我该怀着一份怎样的内疚来回忆那段往事呢？

如今，反思这段经历后我发现，对于那个孩子来说，学习知识也许并不是最重要的，而教育的价值则随着时间的流逝，从时光深处慢慢浮现、凸显。从这个意义上说，教学只是浅表的现象，而教育则代表了对深层价值的诉求。

现代社会强调每个人必须拥有一定的通用技能，其中基本技能包括读、写、生活技能，复杂推理能力包括提出假设、搜集数据、分析、思考、推理、评估和选择；与工作有关的能力包括合作、个人素质、反思、影响动机的因素。上述的诸多技能都与学生的学校生活有关，作为教师，反观自身，我拥有多少本学科以外的知识？我所拥有的通用技能有多少？我能教给学生多少本学科之外的知识与技能？正是对此类问题的思考，让我看到了像海洋一样宽广的教育世界。

人生叩问：风度源于人格的温度

多年来，我心里一直有一批让我仰慕的教育大家，而"江苏人民教育家培养工程"让我有机会近距离接触他们，聆听他们的渊博学识，亲身感受他们的大家风度和人格魅力，这些都让我获益良多。

许多年前我就拜读过孙孔懿老师的《教育失误论》,为孙老师对课堂和教育的敏锐观察所折服,那时我心目中的孙先生是一个不苟言笑的人。后来有幸在"江苏人民教育家培养工程"中认识了孙先生,他在为我们作"我是如何研究苏霍姆林斯基的"报告时,没有华丽的语言,只有质朴的讲述,从苏霍姆林斯基的生平经历、主要思想,到他对乌克兰教育界乃至对世界教育界的现实影响,再到来自他的成长道路的若干启示等,孙先生娓娓道来。会后,我怀着忐忑的心情向孙老师提出合影的请求,他欣然同意,还询问了我的名字。大约半年后,我有机会再次与孙老师相遇,没想到刚一碰面,孙老师就叫出了我的名字,让我觉得很意外,很惊喜。除了学识广博,这些教育大家身上所展现出的平和淡泊的风范,让我更加倾慕。

在一次小组活动中,我们几位学员不时接听电话,毫无顾忌,而导师们则没有一个接听电话的。过了一会儿,崔允漷先生轻轻地说了一句:"难道你们就真的这么忙?"一句话让我无比汗颜,同时又让我想起了另外两个场景。第一个场景是多年前我在北师大刘恩山教授的办公室,与刘教授商谈有关生物竞赛的事宜。其间刘教授的电话响了,刘教授赶紧挂了电话,说了声"对不起",然后起身把座机线拔了,把手机关了。第二个场景发生在清华大学生命科学学院,我有幸在此学习了半个月。学习结束时,施一公教授为我们每个学员颁发结业证书,如果哪位学员没能到场,施教授都嘱咐身边的工作人员将结业证书收好,他要亲自将证书送到学员手上。记忆中的各种场景叠映成辉,透过这光辉,我感受到了什么是对别人真正的尊重,什么是真正的质朴人格!

谦谦君子,温润如玉。不同的时间,不同的场合,不同的先生,但伟大的人格总有相通、相似之处。是他们让我明白:人的真正风度其实是源于其人格所具有的温度。他们都在我前方的高处一再启示我:对人对事,要长存敬畏之心。我愿以先生们为榜样,执着追寻。

朱小曼教授曾在报告中说:"今天,在一个呼唤以人为本的时代,当教育活动被看作生命活动加以诉求和期待时,当社会转型的矛盾冲突深刻冲击和影响人的内心世界时,呵护学生,同时呵护自己的情感与心灵,更是教师必须认真对待的使命和自我发展的要求,尤其是一个愿意把教师职业作为生命价值、生命质量和幸福人生来追求的人。"此时重读这一段话，我无比怀念，也无限感慨。是的，我相信自己是一个愿意把教师职业当作人生价值来追求的人。由教学而教育，由教学而人生，由发展学生而完善自我，循环往复，连绵不绝，仰之弥高，钻之弥坚。教学、教育的路正如人生的旅程一样，艰辛而漫长，幸福而又难免忧伤。但理想就如前方的地平线，始终赋予我不断行走的力量，我愿倾尽此生，去追寻更具立体美感的教育人生。

（作者系江苏省梁丰高级中学生物教师、教授级中学高级教师）

（本文原载于《人民教育》2014年第14期）

教育风景：流连与创造

蒋 维

茅盾的《风景谈》提出过一个著名论点：人，也是风景。他认为"人类的高贵精神的辐射，填补了自然界的贫乏"。是的，好的风景，既值得流连，也源自创造，自然界是如此，教育人生又何尝不是这样？

作为一名人民教师（我一直对"人民教育家"的名谓惶惶不安），我深深地知道，自己的言行、举止、思想可能就是影响学生一生成长的"风景"。这"风景"在惠及学生的同时，也让我自己流连其间。

情——关爱

情，是对学生的挚爱，是对事业的执着，是师生在教育活动中所产生的共鸣，是我在教育实践中逐步认识并不断提升的。

记得刚走上工作岗位时，我努力地上课，严格地要求学生，但事与愿违，学生并不像我想象的那样听话。有一次，由于课上与学生沟通不成功，一下课我便跑回办公室放声大哭，一边哭还一边说："哪有这样不听话的学生……"我的师父看到后微笑着对我说："你是老师，哪有和学生计较的老师啊！"至今，这句话仍深深地印在我的脑海中。从那以后，我逐渐学会从理解学生、关爱学生的角度和学生沟通。我常常对学生说："我和你们在人格上是平等的，但我也绝不会放任你们的缺点和错误，我会和你们沟通，直到你们想通为止。"渐渐地，我赢得了学生的尊重。

20多年的工作中,为了让学生喜爱、重视音乐课,我从不随便取消课程,有时因公务调整课程,哪怕一天上六到七节课,我也要把落下的课补上。学校的每一次艺术活动我都认真对待,决不推诿、敷衍,我时常对自己说:"要么不做,要做就做到最好。"甚至两次面瘫说话困难时,我也没有放松自己的责任。业余时间,我从不带学生、搞家教。人的精力是有限的,我要把更多的精力投入到教育教学实践中,这样我才会快乐,快乐比金钱更有价值。

教育的热情换来了学生的真情,学生在给我的信中写道:"我特别喜欢您的课,您不是把音乐当成工作,而是当成生命的一部分。您把自己的全部情感和思想都融进了课堂,您充满激情的歌声、话语和人格魅力感染着我们。"

雅——塑造

初上讲台,总觉得一节课时间太长,没有东西讲,下课时间没到就已经讲完了。其实,这正是文化缺乏、内涵不够的表现。作为一名教师,尤其是一名优秀教师,光有扎实的基本功是不够的。现今社会要求学科综合,要求多元文化,音乐教师更应站在音乐文化的延长线上,不断丰富自己、提升自己。

因此,我广泛涉猎,读经典原著,从源头上开掘;读看似无关的"闲书",从流域上去开拓;用"硬读"去修炼功夫,以"悦读"去陶冶性情。这样多年的积累,使得我的教学不仅有"招式",更有风骨,与同行交流,就不是只附和别人的见解,也能发出自己的声音。

以前我认为教育科研是遥不可及的事情。当我在教育实践中遇到困惑难以解决时,"研究"二字蹦了出来。我豁然开朗,教育实践中的问题就是教育科研的起点,于是我置身于教学情境之中,及时地捕捉教育教学实践中的问题,开展有针对性的研究,加以总结,形成规律性的认识。当我以研究者的眼光审视和分析教育教学实践中的问题时,我发现了音乐教育的新思想、新路子、新方法。在长期教学创新实践和潜心钻研的过程中,我的音乐课堂形成了"情趣相投、静活适度、师生互动、审美提升"的教学特色。

其实，从只知道照本宣科地把教学参考书作为自己教学的拐杖，到有了自己的教学主张，进而逐渐形成自己的教学风格，我清醒地知道这几十年来磕绊的狼狈和修炼的艰辛。幸好，我有同事的帮助、师父的指点和书籍的陪伴。装点我教育"风景"的，岂止我一个人！

趣——追求

工作 20 多年来，我从一个懵懂、浅薄的大学毕业生，成长为在教育、教学、科研领域等"风景"里可以流连驻足的中年教师，主要受益于南通中学的传统和精神。回想起来，有多少个"第一次"构成了我教育"风景"里的一草一木，一风一云，一水一石。

上世纪 90 年代初，我的教育教学理念还很落后。在一次青年教师教学比武中，我本雄心勃勃，但只得了三等奖。这一次的事与愿违使我暗下决心，一定要以最优秀的成绩得个让众人信服的一等奖。后来在师父的帮助下，凭着初生牛犊的冲劲和不懈努力，我终于拿到了市区和大市优课比赛一等奖。这使我有了更大的工作激情和动力，于是有了后来的特等奖和多次一等奖的第一名。

当多媒体教学手段刚开始兴起时，大家都处于观望状态，但是我感觉这是一种很有效的教学辅助手段。尽管当时的制作和操作水平还处在初级阶段，我却成了南通市将多媒体技术应用于音乐课的第一人。这次尝试为我今后以多媒体作平台，采集大量的音频、视频素材，设计生动有效的课堂打下了坚实的基础。

我的教学生涯中还有很多难忘的事情，都是我留在"风景"中的足迹。我认为，作为老师，如果能及时抓住成长中无数个"难忘的第一次"，去发现自我、研究自我、完善自我，才会有今后事业无限发展的空间和态势。在多年的工作中，我以永不言败、追求卓越作为专业发展的动力，在一桩桩"第一次"的历练中成长。

智——完善

有一次在徐州作讲座，结束时一位老师走上讲台，向我深深地鞠了一躬。我感到非常惊愕，这位老师激动地说："蒋老师，我要感谢您，因为我本来不想再做音乐老师了，今天您的讲座激起了我的教育热情，我起码还要再干十年。"听了这话，我也被打动了，原来自己的言行可以深深地影响别人。

近几年中，借助"江苏人民教育家培养工程"的平台，我本身获益良多。与此同时，我积极开展团队建设，把致力于音乐教育的老师凝聚在一起，提升他们在教学和科研方面的水平。

在共同的研讨过程中，我发现有些团队成员专业基本功扎实，教学上常有新点子，但缺乏理论支撑；有些教师有较好的教学经验总结，但缺乏凝练个性化教学风格的教科研水平，无法形成自己的教学主张。因此，我通过讲座、辅导、示范课等形式传递给更多的青年教师新的理念和方法，帮助他们构建高品位的音乐课堂；通过定期交流读书体会、网络互动，让团队成员努力拓宽教育文化的视野；定期举行聚焦课堂活动，使他们在实践中探索实现高效课堂的有效途径。团队的建设发展极大地推动了音乐教师的成长。

有这样一段广告词："人生就像一场旅行，不必在乎目的地，在乎的，是沿途的风景以及看风景的心情。"是的，我的成长也是一场旅行，人民教师就是我认定的终极称谓，其他都是"不必在乎"的"目的地"，而我和学生一起流连和创造的风景，才是我所在乎的。

（作者系江苏省南通中学艺术教研室主任、教授级中学高级教师）
（本文原载于《人民教育》2014 年第 14 期）

行知路上,做一辈子的好老师

杨瑞清

2015年7月25日,是陶行知先生逝世69周年纪念日。这一天,我和南京市浦口区的70多位校长走进北京师范大学,开始参加为期一周的学校管理能力提升研修活动。在开班典礼上,负责人深情回顾了去年第30个教师节前夕习近平总书记在北师大师生座谈会上倡导全国教师做"四有好老师"的情景,介绍了北师大牵头组织实施的"中国好老师"行动计划,我们这个校长研修班,便是庞大的行动计划中一个具体的实施环节。我们的第一课,就是《做中国最好的老师》。

"千教万教教人求真,千学万学学做真人""捧着一颗心来,不带半根草去""出世便是破蒙,进棺材才算毕业"——习总书记在一篇讲话中多次引用陶行知先生的名言,让我这个在行知路上行走多年的教育工作者激动不已。

在这一天,在北师大,在第31个教师节即将到来之际,再次学习习总书记的讲话,回想自己坚持在乡村学校践行行知教育,努力做一名好教师的历程,感慨良多。

30年行知小学探索,让乡村儿童享受精彩教育

1985年9月10日,我激动地度过了第一个教师节。那年的1月10日,我所在的村办小学被命名为行知小学,而22岁的我则成了这所只有

七八位教师、100多名学生的小学的校长。一晃30年过去了,我真切体会到,要办一所质量过硬的好学校,当一名实实在在的好老师,就要执着坚守,悉心探索。

1. 好老师要执着坚守教育岗位。

我18岁从陶行知先生创办的南京晓庄师范中师毕业,到偏僻落后的村办小学任教,决心实践陶行知教育思想,改变学校的落后面貌,在留城和回乡之间,我主动选择回乡。20岁时,组织上调我到团县委担任副书记,我只到任4个月,又辞职回来,在从政和从教之间,重新选择从教。那时的村办小学,只靠收学生的杂费维持开支,骨干教师也留不住,一度陷入困境。有人劝我调离行知小学,为自己谋一个好的出路。我犹豫过,但我没有离开,在解脱和坚持之间,最终选择了坚持。

坚持不懈的努力,使学校获得了持续发展的动力。上世纪80年代初,村民先后为学校划拨80亩土地,并集资十几万元新建了四合院校舍,为行知小学的创立打下了坚实的基础。新世纪到来之际,学校获得了政府一千多万元的投入,建成了现代化校舍,周边8所村办小学先后合并过来。乡村儿童逐步享受到了优质教育。学校也先后被评为江苏省实验小学、模范小学和文明单位。

2. 好老师要悉心探索教育规律。

刚走上教育岗位时,我们发现有的孩子到了上学的年龄却不到学校报名,有的孩子小学没有读完就辍学在家。我和同事走村串户,千方百计地动员家长送孩子上学,从1981年开始再也没有让一个孩子失学。行知小学命名以后,我们顶住多方面的压力,开展了小学不留级实验,再也没有让一个孩子留级。我们发现,只要满怀一份爱心与责任心,就能解决失学问题和留级问题,而想要让乡村儿童也能享受到精彩的教育,则需要更新教育理念,探索教育规律。

在实践中,我们慢慢领悟到了陶行知"生活即教育""社会即学校"的真谛,逐步将稻田、茶园、农庄、长江湿地、老山森林等身边最鲜活的资源纳入我们的课程视野里,自制器材开办小气象站,争取村民支持,开辟实验农场,带领学生种菜、栽树,观察自然,观察生活。

在教学中，我们还发现，虽然很多老师口口声声说自己在"培育祖国的花朵"，但实际上"天天骂花苞，日日掰花苞"，这样如何能当个好老师呢？于是，我们开展小班化教育实验，提倡教师、家长和学生人人修炼"花苞心态"，形成了以"关怀生命，关注生长，关心生态，关切生机"为主要内涵的育人思路，追求"含苞待放，生机盎然"的课堂文化，既欣赏美丽的鲜花，又善待可爱的花苞，努力不让一个孩子厌学，力求做到"幸福每一个"。如今，施教区生源没有一个择校外流，甚至连台湾企业家也把孩子送来行知小学就读。

20年行知基地创业，乡村小学校也可以办出大教育

1994年9月，我幸福地度过了第10个教师节。那年的7月18日，我们依托学校农场，整合社区资源，挂牌成立了行知基地，开始接待城市学生来体验乡村生活。如今，20多年过去了，行知基地累计接待了20多万名城市学生开展社会实践活动，成为全国青少年校外活动示范基地。我真切体会到，要办一所充满活力的好学校，做一名兢兢业业的好老师，就要敢于拓展，勇于创新。

1. 好老师要敢于拓展教育功能。

因为执着坚守，因为悉心探索，我们的学校得到了关注。美丽的实验农场，迷人的乡土风情受到了青睐，于是，行知基地应运而生。金陵中学的高中生来了，南师附小的小学生来了，鼓楼幼儿园的小朋友来了，他们来行知基地短住几天，"学习农业科技""了解农村建设""体验乡村生活"。现在，已有60多所南京市的学校以及常州、镇江、淮阴的学校在基地定点活动。我们发动行知小学的孩子们，做接待城市伙伴的小主人，做指导乡村生活的小先生，与城市学生广交朋友。学生的交往能力、文明礼仪素养得到显著提高。乡村教师、家长也在参与接待中拓宽了视野，提升了立德树人的责任意识和实施水平。

从起步阶段投资10万元，建180平方米小食堂，住宿得由城里学生自己带被子打地铺，一年接待628人，到获得200亩土地的划拨和1.3亿元

资金的投入，建筑面积达 4 万平方米，每年接待量超过 2 万人，我们在艰苦创业中认识到，好老师不能只把眼睛盯在自己的一亩三分地上，在拓展教育功能上，乡村学校大有可为，小学校也可以办出大教育。

2. 好老师要勇于创新教育方式。

校园里种植了 8 亩地的茶树，我们带领一批又一批学生把校园里所有的植物废弃物，包括小麦和油菜秸秆、落叶等，全部丢进茶田里，起到抑制杂草、保湿增肥、清洁生产的效果。孩子们在茶园边种上木槿花，吸引来赤眼蜂飞到茶田里收拾害虫。每个学生都有机会背着小竹篓，体验一下采茶的乐趣，再到茶艺室，观察炒茶的工艺，并在老师的指导下研习茶道。从田头到嘴边，远离污染、优质高效的生态农业的意识，就这样在学生心中扎根。类似这样的课程还有"荷文化""厨艺""陶艺""种红薯""营火晚会""登山野炊"等数十种。正是这种遵循陶行知先生"教学做合一"的理念，坚持采用走进现场、亲自动手、亲身体验的行知教育方式，成为行知基地吸引众多学生的一大法宝。

南京一中高二（2）班褚朝林同学在行知基地学习后说："真想再多待几天！农村生活让我重拾了坚强、协作、节俭、朴素、团结的精神。这也许是我自高中以来最快乐的三天，最充实的三天。"

十年行知国际交流，积极对话、自觉提升

2004 年 9 月的第 20 个教师节，我是在北师大度过的。"中国当代教育家丛书"首发仪式在京师大厦举行，其中有我写的《走在行知路上》。那一年的 8 月下旬，我在马来西亚为华校董事联合会总会主持了 3 天的"行知教育工作坊"，这也标志着行知教育走出了国门。十多年来，有 100 多个国家的 8000 多名师生来到我们学校交流，学校已成为江苏省华文教育基地、国家汉语国际推广中小学基地。我真切地体会到，要办一所品质卓越的好学校，做一名快快乐乐的好老师，就要积极对话，自觉提升。

1. 好老师要积极对话世界学校。

我们专门成立了"南京行知苑对外交流中心"，实施境外学生中华文化

浸濡活动项目、境外汉语教师培训交流项目，每年邀请新加坡、马来西亚的校长、老师来行知小学举办"行知教育三国论坛"活动，支持美国亚利桑那州土桑国际学校开办孔子课堂，在新加坡、马来西亚开展行知教育巡回演讲活动，2013年和2014年，我们还承担了南京亚青会和青奥会"触摸南京——生态环保农业"文化教育项目，并出色完成了接待任务。

大规模的教育对话，让我们有机会学到国外先进的教学经验，也有机会分享博大精深的中国文化和知行合一的教育理念。我们的老师人人参与对话，在教学中，更加自觉地维护学生权益，普遍重视运用小组教学、个别化教学策略；我们的学生人人结交国外朋友，他们还和新加坡的小伙伴开展了青奥会"同心结"活动，一起搭建了"新加坡小屋"，在南京青奥村精彩展示，吸引了世界各地青年运动员的眼球。学校还在澳大利亚友好学校的支持下，开展全校橄榄球运动，学校橄榄球队去年还获得了上海国际"触式橄榄球"邀请赛U12年龄组的冠军呢。

2. 好老师要自觉提升整体素养。

在行知小学，我们一直提倡读好三本书：读好行知这本大书，读好实践这本活书，读好生命这本天书。一直强调做好四件事：躬于实践、勤于读书、善于交友、乐于动笔，以此促进教师的专业发展。我们认识到，选择做教师，可能升不了官、发不了财、出不了名，但是只要踏踏实实地做人做事做学问，认认真真做一名好老师，同样能够创造崇高的生命价值，充分享受到生命尊严和人生乐趣。

行知路上，好好再干30年

2015年9月，又到教师节。在浦口区教育局的支持下，我们正在积极筹建浦口区行知教育集团，将以行知小学为龙头，吸纳行知中学、行知幼儿园、行知基地以及周边学校，形成发展共同体，进一步深化行知教育实验。我也在谋求改变自己30年不变的校长角色，将逐步淡出小学行政管理，让年轻的伙伴更好地发挥潜能，更快地推动学校发展。

"还能更精彩"是行知小学的校训。我认为，好老师没有退休一说，好老师可以做一辈子。我相信,行知路上,做一名实实在在、兢兢业业、快快乐乐的中国好老师,好好再干30年,一定还能更精彩。

(作者单位系南京市浦口区行知小学)

(本文原载于《人民教育》2015年第17期)

成为一名好老师,是我终生追求的大事

刘晓莉

有人把教师比喻成蜡烛,燃烧自己照亮别人;有人说教师是人类灵魂的工程师,是太阳底下最光辉的职业。这些赞美教师的话语,在儿时我就耳熟能详,但只有当我站在三尺讲台的时候,才真正理解这些话语的真谛。

1993年秋,我如愿以偿地走上讲台,成为一名乡村教师。从那以后,在陕西省富平县这个革命老区,我和一个个如蓓蕾般灿烂的孩子,一起嬉戏、学习、成长。

转眼间,20多载过去了。学校的校舍变得现代化了,老师们的教学方式也有了不小的变化。但是,这么多年来,有一个信念在我心中从来没有改变过,而且随着教龄的增长,我越来越把它融入自己的血肉之中,那就是"教师重要,就在于教师的工作是塑造灵魂、塑造生命、塑造人的工作,要完成这一工作,首先凭借的是教师对学生真心诚意的爱"。

苏霍姆林斯基说:"爱,首先意味着奉献,意味着把自己心灵的力量献给所爱的人,为所爱的人创造幸福。"

我深知,"热爱学生、关心学生"不能只是一句空话。做教师,要用心观察学生的言谈举止,主动了解学生所面临的困难并给予积极的引导和帮助。

记得2008年春季开学时,班上一位吴同学当天没来报到,到了第二天还没有来,我跟家长也联系不上。第二天下午一放学,我就骑着自行车去他家,才得知他的妈妈离家出走了,爸爸患上严重的精神分裂症住进了医院。为了给爸爸治病,孩子打算放弃学业。一看到我,吴同学泪水夺眶而出，我拥着他说："明天就来学校，学费我来解决。"回到学校，我向校领导汇报了情况，恳请学校免除了他的杂费，并每月拿出自己的部分工资和全班同学在班上建立起了"特困学生爱心生活补助基金"，解决了吴同学的生活问题，也为班上其他家庭困难的同学提供了帮助。

我工作学校的所在地——刘集镇，跟周边几个乡镇相比，经济相对落后，很少有学生有雨具，有的拿顶草帽，有的披个化肥袋子，还有的什么也没有。每逢下雨天，看着他们在雨中奔跑的情景，我很心疼。后来我和爱人用心积攒了500元钱，特意购买了30把雨伞放在办公室，遇上下雨天，就把伞借给有需要的学生，这样心里格外踏实。不久，我的举动带动了其他老师，为学生提供雨具、文具、活动小器材等成为全校老师的爱心行动。

从教这么多年来，说实话，我没有遇到过什么惊天动地的大事。日子在这些细碎的、近乎平凡的小故事中一天一天地过去。然而，就是这些小故事里蕴藏的"爱"以及在"爱"中健康成长的孩子们，让我对教师这一职业甘之如饴。

苏霍姆林斯基说："教育，这首先是关怀备至地、深思熟虑地、小心翼翼地触击年轻的心灵，在这里谁有细致和耐心，谁就能获得成功。"

作为教师，我知道成绩优秀率的重要，更明白后进生转化对学生、对家庭的重要。"细心观察，耐心教导，榜样教育，表彰敦促，团队提高，全面发展"是我一贯坚持的班级管理法。

我班上曾有一位外校转来的学生。他不爱说话，也不合群，学习成绩居后。了解后我才知道，他曾经因偷盗被派出所训诫教育，班上个别同学也知道此事。我特意叮嘱这些同学，不能在班上传播这件事。平常，我特别留意观察他的行为，发现他值日、大扫除蛮认真，肯吃苦，就及时征求班干部和小组长的意见，让原来的劳动委员任副班长，让这位同学担任劳动委员，并负责保管教室门钥匙。

在我的鼓励和班干部的配合下，这位同学的工作赢得了全班同学的信任和支持。这个变化，也让他坚定了好好学习的决心，后来他还因各个方面突出而成功竞选上了班长。

德国教育家巴特尔说："教师的爱是滴滴甘露，即使枯萎的心灵也能苏醒；教师的爱是融融春风，即使冰冻了的感情也会消融。"这位同学的变化，让我对巴特尔的话产生了深深的共鸣，也深深感受到：教师不仅要"有爱"，而且还要"会爱"，要有爱的能力。对不同的学生，教师爱的表达可以是完全不同的。

就在前不久，我的一位学生遭遇了父母离异。他变得自卑、孤僻，脸上没了笑容，学习成绩直线下滑。

对于这个孩子，我更多地是用母性的关怀去温暖他：为他缝洗衣裳，让平日关系好的同学和他一起活动、复习功课，又让各任课老师课堂上留意他，多给他回答问题以及和同学交流的机会；为了帮助他提高作文水平，我天天给他布置日记作业并及时帮他修改，还买了几本作文书送给他。这些帮助给了孩子快乐和动力，引导他从家庭变故的阴影中走出来，并在小学毕业考试中以优异成绩步入了初中。

爱的力量是如此巨大。所以，习近平总书记才会说："一个人遇到好老师是人生的幸运，一个学校拥有好老师是学校的光荣，一个民族源源不断涌现出一批又一批好老师则是民族的希望。"

当然，好老师除了要有仁爱之心外，还应该"有理想信念，有道德情操，有扎实学识"。成为一名好老师，是我终生追求的大事。

（作者单位系陕西省富平县刘集镇街南中心小学）

（本文原载于《人民教育》2015 年第 17 期）

读懂,但不迁就

黄行福

怎样当好班主任?读懂学生是前提。读懂学生的目的不是为了迎合与讨好,而是为了更好地引导。否则,越懂学生就越有可能南辕北辙,离教育目标越远。

知道学生要什么再适度引导

班主任都有这样的体会:很多情况下,不管我们采取怎样的措施,效果总不那么令人满意。原因当然很复杂,但不懂学生却是一个非常重要的原因。

一次,一位学生在微信上一连几天求我告知某行政村干部的姓名,我没有告诉他。我对这位学生的脾气秉性比较了解。凭直觉,他家人可能对村里某干部有意见,他想写批评文章。批评是好事,任何工作都需要批评与监督,这样社会才会进步。我教他语文,他作文较好,但我担心他剑走偏锋。

3天后,我问他要这个名字做什么用,他果真想写文章批评他。他认为该干部工作作风专断,在新农村建设中很多事情没有兑现。例如,他曾答应每户做一个化粪池并给予补贴,但没有了后文,可能是他私吞了那笔钱。针对他的这种怀疑,我问他对国家有关新农村建设的政策了解多少,每个新农村建设点的资金是多少。他坦言自己完全不了解。我接着又问,他的那些意见是从哪里得来的，他说是从村民那里听来的。

这是教育引导的好时机。借此，我问他：对问题一知半解，只凭道听途说就作判断，是否太武断？然后告诉他要用自己的眼睛去观察，用自己的大脑去思考，还要全面掌握情况，否则就容易得出片面乃至错误的结论。在我一步步的引导下，他才明白了些个中道理。

表面看来，学生这样的思想动态与班级工作没有直接关系，班主任可以不管。但实际上，思想方法支配人思考问题的方法，随时随地都可能渗透在人的行为中。所以，一定程度上来说，班主任的工作是没有明确边界的。好的班主任，应该着眼于学生的长远发展，而不仅仅看到眼前的问题。

读懂学生内心感受再予以帮助

懂得学生内心的感受，是班主任与学生交流的最重要前提。但在很多情况下，学生并不会主动把内心的想法告诉你，班主任必须通过一些技巧来了解。

一女生上课趴在桌子上，同学叫起她，她又立即趴下去。我把她叫出教室，见她双手捂着肚子，问她是否生病了，是否需要送她去医院。她摇了摇头，说想回家去。我明白了，她可能是来月经了。但我没有让她回家，而是把她带到我家，让我爱人帮她解决。一个课间的时间就把问题解决了。

班上的一位男生上课经常迟到，几乎每天都是在快下早读课时才匆匆赶到学校。一天，早读课正好我值班，他又迟到了。我把他叫到办公室，一问才知道，他一家人都迷上了麻将，每晚麻将声都响到深更半夜，吵得他晚上12点以后才能勉强睡着，第二天早上又睡不醒，有时来不及洗脸就往学校赶。早餐只能等下了早读课再到校外买几个馒头啃，有时来不及啃就放在抽屉里，上完第一节课再啃，这几乎成了他的生活常态。他还告诉我，他早就对这种状况非常不满了。

怎么帮助他？我让他住校，早上到学校食堂吃饭，过集体生活。一来可以治治他的懒散，二来可以摆脱家里的不良干扰。第二天，他就住校了，过上了集体生活，身上的很多坏毛病都随之不见了。

读懂的目的是为了帮助。学生内心的纠结解除了,他就高兴了,就会有阳光般的心态。

饭桌,是一个让人轻松的地方。在心情松弛的状态下,学生说的大都是心里话、真心话。我就常常遇到这样的情形:在亲戚或朋友家,与学生碰巧同在一桌吃饭。学生与我聊的内容就比较广泛:

"老师,我很想读好书,但我就是控制不了自己。做作业的时候如果有人在外面喊我,我就忍不住想加入他们。爸爸妈妈不在家时,我还偷偷摸摸地去看电视。"

"老师,我爸爸妈妈很少过问我的学习情况,更不过问我在学校的表现。一切都靠我自觉,我常常有一种自生自灭的感觉。"

"老师,我常常想:我到底是不是我爸爸妈妈亲生的?特别是我妈妈,对我一天到晚骂个不停。一会儿地没扫干净,一会儿骂我看电视,一会儿说我根本不像个女孩子。反正我在家里的感觉就是一个字——烦!"

"老师,每到周末我就害怕回家。我每次回到家,爸爸妈妈的第一句话一定是'考试了吗''这次考了多少分'。好像我就只是个分数,不是人,不是他们的孩子。他们很少过问我在学校的表现。"

"老师,我爸爸妈妈真可笑。有一次,我说我要买几本语文课本后面推荐的那些书。你知道我爸爸怎么回答的吗?'书又不能当饭吃,读那么多书干什么。学校不是发了那么多书吗?书不认真读,净想些馊主意。'您说可气不可气?"

以上是一些学生的饭中真言。

在饭桌上,我喜欢与学生聊天。因为在那个场合,他们不是以学生身份出现的,老师也不是以老师身份出现的,大家都是平等的宾客,这为聊天创造了很好的氛围。但此时,我们千万不要板着脸孔说教,而应因人制宜,适时点拨。话不在多,但要谈到要害处,说到点子上。

明了学生的"小算盘"再巧妙应对

人小鬼大,这是部分学生的心态。我教的都是乡下孩子,他们朴实、诚实，但在某些情况下，他们也有自己的"小算盘"。对这样的学生，既不能讽刺，也不能挖苦，更不要惩罚，得设法"治理"好他们。

班上有位男生，一上体育课就以自己有高血压为由拒绝上课。体育老师怕惹事也拿他没办法。还有一次，因数学作业没完成，数学老师要惩罚他，他竟"昏厥"，老师、同学赶紧送他去医院。当时，就有同学向我反映他的血压并不高，他是假装的。在医院，我向他的家长证实这件事。家长反映他在小学时生过一次病，医生给他量了血压，说血压偏高，但以后再没测量过。

后来我发现，他经常打篮球，且从没有过不良反应。综合这些情况，我也觉得他在装病，以此来获取一些"豁免权"。

一天，上完课，我让他课后到我家，我给他测测血压。实际上，我并没有真想让他测血压，只是想敲山震虎，看看他有什么反应。没想到，放学后他果然在同学陪同下到我家测血压来了。一测，血压正常。当然，我还建议他在家长陪同下再去医院测一下。他见"露馅"了，只好说："老师，我没什么高血压，原先都是假装的。"此后，他再也没找什么借口不上体育课了。

其实，类似的现象我们都遇到过。一些人喜欢直接揭穿，虽然也能达到教育目的，但学生毕竟是未成年人，这么做对他们的伤害比较大。班主任就是要尽量拿出万全之策，既保护了学生的自尊，又让他们改正了错误。

需要注意的是，一百个学生有一百种个性。上面说的那位装病的学生就是班上最老实的。在很多班主任眼里，这样的学生是不可能做出格的事的。但只要条件具备，任何人都有可能做出与个性不符的事情来。班主任需要具体问题具体分析，具体情况具体掌握，切不可想当然，更不可戴着有色眼镜看学生。

走进家庭让学生接纳你

我有晚饭后散步的习惯。一天晚饭后，我出去散步，顺便去学生小戴家家访。他家离学校只有不到 300 米的路程，而且我教过他的父母亲。我还没到他家门口，小戴的母亲远远看见我来了，就跑过来迎接。我邀请她与我边走边聊，不知不觉就聊到了小戴身上。

我问小戴在家的情况。他妈妈告诉我：小戴在家什么事都不需要做，家里对他的唯一要求就是学习。但这孩子对学习没什么兴趣，平时考试一般都在60分上下。对此，他爸爸基本不管，因为他对于孩子能否考上好学校感到无所谓。孩子爸爸自己喜欢看书，特别喜欢看中国古代名著，尤其是小说。因此，家里收藏了一些中国古典小说，有四大文学名著、武侠小说等。小戴没事的时候就一个人待在楼上的书堆里打滚。

不一会儿，我们就来到了小戴家。他爸爸看见了赶紧把我让进家门。一家三口，让座倒茶，十分热情。小戴手里正捧着一本《三国演义》看得津津有味。于是，我就与他聊起了三国故事，我们之间的共同语言越来越多。最后，我与他达成协议：看小说可以，但必须在完成学校学习任务后才能看，老师和家长一起监督。

两个月后，我又一次来到了他家，这次主要是去报喜的。上次家访后，小戴上进多了，成绩也有了提升。小戴看到我来了非常高兴。一坐定，我就把小戴最近的在校表现报告给了家长。家长非常高兴，不停地对我表示感谢。临出门，我继续为他们鼓劲。两个月后的中考中，小戴表现非常出色。

走出校门，深入学生家庭，去深入了解学生，从学生的喜好入手，拉近与学生的距离，学生就更容易接纳老师。

班主任所做的多是小事、琐事，但如果每件事都着眼于学生成长，那就是大事、要事。

（作者单位系江西省南丰县傅坊中学）

（本文原载于《人民教育》2016年第17期）

只要能快快乐乐做实验

王爱生

我是一名中学物理教师,我梦想的教学境界正如我所崇拜的物理大师费曼所说:"我讲授的目的不是为你们参加考试,也不是为你们将来服务于工业或军事作准备,我最喜欢做的是展示这个奇妙世界的一部分供你们来欣赏,再提供一些物理学家看待这个世界的方式……"我觉得这句话概括了一位物理老师应该做的和不该做的,但说实话,我日常做的事却正相反,没时间也没心情提供这个世界的奇妙让学生来欣赏,也不为他们将来的工作作准备,只是为了考试进行高强度的训练,这使我很苦恼。唯独使我欣慰的是,我和学生还有一块共同拥有的净土——实验室。在那里,我可以尽情展示这个世界的神奇,从教 30 多年,在那里,我与学生一起欣赏、陶醉、思考……我将我对实验的感受传达给我的学生们。

实验让我惊愕,让我体验到美,让我永远好奇

即使是我做过很多次的实验,即使我知道接下来的结果,我还是会感叹实验的神奇,它像魔术一样,永远那么令人着迷。当你看到水慢慢流向高处,细碎的冰使水沸腾,蜡烛在水下燃烧;当你发现酒精浸泡燃烧后的手帕竟然安然无恙,烟熏后成黑色的球放入水中又变回银色……你不会发出一声感叹吗?看到孩子们瞪大的双眼,我像魔术师一样充满成就感。一大块金子是黄色的,在扫描隧道显微镜下,10nm 的金颗粒摇身一变是绿色

的，1nm 的金颗粒又是红色的……这些实验向我们"展示这个奇妙世界的一部分"，震撼了我们的心灵。我也常想，设计好了一个令人惊讶的实验，一个物理教师的工作就应该完成了大半。

实验不仅令人惊奇，还有着一种独特的美。这种美不仅有满足视觉体验的新奇之美，还有让人折服的理性之美，因为每次结果都是可以重复的，这就是必然，必然的背后就一定隐藏着某种一以贯之的逻辑，这就是一种逻辑美，这和数学一样。除此之外，它还有话剧一样真实的现场动态美，还有魔术一样神奇奥妙的智慧美。这些美感，只有长期经历实验熏陶，有相当科学、哲学、美学素养的人才能体会，一旦体会到，你就会发现实验实在是一件浪漫的事，让人欲罢不能。很多科学家，他们在实验中更多地在追求一种美感，比如，世界上第一次成功地观测到了量子力学"AB 效果"的日本科学家外村彰，在实验成功的一刻，他体会到的不是一个理性的事件，不是背后的名誉，而是一种美的景象：仿若薄暮时分，细小星辰在你眼前映现，（逐渐）构成宏伟的银河……

实验让我爱上了物理，实验让我对世界永远保有一颗好奇之心。我相信，只要有足够的时间和足够精彩的实验项目，我也一定能够把这份好奇心传递给我的学生。事实上，很多孩子通过我的实验课对物理有了强烈的好奇心。

实验让自然开口，实验让我们敬畏

丁肇中说："实验可以推翻理论，而理论永远无法推翻实验。"司空见惯的温度计，发现了我们看不见的红外线；常见的真空泵让不到 100℃的水就开始沸腾，更是将当年认为不能液化的氦变为液体，从而宣告了所有气体都可以液化的真理！实验面无表情地向我们展现一个个事实，铁一般的新事实永远都在开拓着我们不可能的疆界。实际上，实验就是我们现代人认识未知世界的几种手段之一，而设计一个巧妙的实验就是一个让大自然开口说话的过程。

"傅科摆"在很多博物馆里都能看到，它通常是从三四层楼高的天花板上垂下来，末端挂一个铅锤或铁球，再下面则是一个罗盘，而铅锤或铁球就在那个罗盘上慢慢地移动着。19世纪的科学家都知道了地球在自转，但怎么向普通人证明？地球这么安静，这么悄无声息，它在动吗？还是太阳东升西落更容易让人接受。只有在傅科设计的这个实验面前，看到大铁球莫名其妙地转动，没有发条，没有人力，大家才会承认地球的自转这个事实，地球在这个实验装置下，终于开口讲话了。

我认为，理工科的教学，从某种程度上也可以被看作是让孩子们重走前人发现之路的过程，而实验同样也是孩子们认识世界、让大自然开口的重要手段。我深深体会到，再难的知识、再深奥的理论、再抽象的规律，只要有设计巧妙、说明问题的实验，就能迎刃而解。如果有足够的时间和条件，我更愿意把课本知识完全设计成一个个实验，让大自然替我开口讲课。

实验逼着我们去思考

螺丝帽系上一段细线，吊起来往复晃动就成了一个简单的摆，若这个摆有1秒的周期性就叫作秒摆……每每做这个简单实验时，我都会想象着自己穿越到了四百多年前的意大利，在某一个礼拜之日走进了比萨的大教堂，与伽利略一起仰头观察教堂屋顶上的吊灯来回摆动。那摆动的幅度越来越小，而摆动一次所花的时间却几乎相等，这不符合常理，伽利略瞪大双眼，不敢相信自己的发现。他用自己的脉搏初步验证了判断，回家又做了大量的实验，结果每一次摆动的时间都相同！由此，伽利略发现了摆的特性。

科学精神源于心中对万事万物的好奇心，而尊重事实，努力思考事实背后的真相，并且不达目的誓不罢休，这就是科学精神的本质。在实验课上，我在每个孩子的脸上都发现了这种科学精神的痕迹，他们看到令人惊讶的结果时，像伽利略一样，瞪大双眼，一百个不相信！只是我们都太匆忙了，实验做完，下一科的课堂教学马上就要开始了，他们几乎没有时间展开自己的思索就得离开了，从书中找到一个解释，消除刚才那一刻的迷惑，就是最简便的方法。当然，我觉得这已经很不错了，至少他们会有一点点思考的动机，他们的理解和记忆就比完全只看书更有效果。

实验需要我们更加专注，专注让我们的人生改变

你可能不相信，在16、17世纪的欧洲，有一段时间做实验还是达官贵人进行沙龙交流活动的内容呢。当时的英国皇家学会为了扩大自己的影响力，经常在一些沙龙上做两个公开实验：一个是虎克的显微镜，另一个是波义耳的空气泵。用显微镜去观察蚂蚁的足部，就会相信仪器是人类感官的延伸，可以帮助我们眼睛、耳朵、鼻子做做不到的事，甚至纠正人类感官的谬误。波义耳的空气泵可以说服大家，相信通过仪器看到的比眼睛看到的还要真实。在那个科学正在崛起的岁月里，实验是很多贵族的"玩物"。物理史也告诉我们，欧洲最早的那批现代意义上的科学家，几乎都是有钱、有闲的贵族或富人，他们可以把科学当成自己的业余爱好，甚至在自己家里辟出实验室，从一起床就乐此不疲地开"玩"。我敬重的大师费曼虽然是当代人，但他也是这样一个人，他在酒吧中也能"玩"他的物理。我从中意识到，一个最高境界的研究者要像贵族一样有从容而不功利的心，只有这样，他才能以一种最客观的目光去看待世界，才能把自我放在最不重要的位置上。

这些年，热爱实验的我，也感受到了实验带给我个性品质上的变化，我有了一种以往自己都不能想象的平静和安详，我能深深地理解叔本华的那句话："一个人就其自身而言是什么，在他处于孤独和隔绝时自身遵守什么，没有人能够由于他而丧失或剥夺什么，对他来说这比他拥有的一切或在别人眼中他可能是什么显然更为紧要。"这些年，我更不在乎别人的看法，多少有了一点孤芳自赏，却也明显地少了很多年轻的无知气盛，这两种看似逆向的变化正是实验带给我的，就是因为实验是一件需要高度专注的事情，当你热爱它，你就会被它塑造。

我也期待我的学生们能够拥有这样一份心性，我想让实验去影响他们，让他们也能沉静下来，形成一种专注于身外有意义事物的习惯，最终能够成为自己精神世界的主宰。有这样一颗心灵的人，他们将来也更能够经得

起外在的风雨。然而正像前面所述的那样，今天的孩子们绝大多数都太忙了，他们的目的性太强烈了，压力也很大，很难静下心来沉醉在做实验的快乐中。

自然万物全都活在自己的幸福里，并自得其乐地活着。牡丹幸福着自己的妖娆，茉莉幸福着自己的淡雅，我幸福着自己的实验。对此，印度哲学大师奥修说："玫瑰就是玫瑰，莲花就是莲花，只要去看，不要比较。"

（作者单位系吉林省前郭县蒙古族中学）

（本文原载于《人民教育》2016年第17期）

初心不改的教育路

丁光成

从 1981 年开始参加工作,我从事教师这个职业已经整整 35 个春秋。虽满头青丝变白发,我却初心不改,仍然乐此不疲地工作在钟爱的三尺讲台上。

学习帮我克服了先天不足

我出生在湖北的一个小村庄。出生时正好是三年自然灾害后期,到了上学的年龄,又逢十年"文革"动乱,导致学业荒废。1976 年初中毕业,高中实行贫下中农推荐,我政审过不了关,只能回家务农。15 岁体格瘦小的我,在农村跟大人一起干繁重的体力活挣工分。母亲看我实在太小,只好托人求情,我又跟读了一年初二(那时初中、高中都是两年制)。

1977 年乡镇高中开始恢复考试招生,尽管我的考试成绩在全乡名列前茅,但由于政审问题,我仍然只能回家务农。年少气盛而又不谙世事的我,多次独对苍天发问,问老天为什么对我这么不公!我的内心也悲痛至极,不止一次地发誓:只要有机会,一定要好好读书。

当年 10 月,县一中从各乡高中选拔了一批学生之后,父母和亲戚多方求人,最后乡高中领导勉强同意我以候补生资格跟班就读。那时"四人帮"虽然已经被打倒快一年了,但农村中学仍然是开门办学,校办农场,半农半读。虽然我底子薄、起点低、基础差,但我十分珍惜来之不易的学习机会。

1979年我参加高考,虽然成绩不理想,但还算幸运,考上了当时并不太了解的师范学校。进入师范学校,我如饥似渴地读书,除了专业课,还博览群书,努力弥补"文革"期间造成的空白。经过专业训练,我也逐渐明白了要当好教师、教好书,还必须有深厚扎实的专业知识和渊博的文化知识。正因为此,在以后的工作中,只要有机会学习我就会紧抓不放。

1981年师范学校毕业时,我以优异的成绩考取了中学物理教师培训班,在那里系统学习了中学物理实验和大学普通物理的重要内容,为后来的教学奠定了较好的基础。参加工作后,为进一步夯实专业知识,我自考了华中师范大学物理系本科函授班。由于是业余性质,只能是白天工作,晚上学习,平时工作,周末和寒暑假学习,五年之后终于系统完成了大学本科物理专业的全部课程。工作26年后,为进一步提高自己,我又考取了教育硕士研究生课程班。

我一直不断学习,开始也许是深感学习机会的珍贵,或为了兑现当初立下的誓言,但更多的是为了做好教育工作。尽管年近花甲,两眼昏花,但只要有时间,我仍然坚持学习、阅读,努力跟上知识更新的速度。

年轻一代的老师可能无法理解,但对于我们这些从过去年代中走过来的教师,学习便是初心,它帮助我们克服了先天不足,帮我们穿过了岁月的荆棘之路。

满怀爱不停奔跑的人生

我教过许多学生,包括很多优秀的学生,但印象深刻的还是那些经过共同努力取得进步的学生。

30年前我教过一位俞姓同学。我从初二开始教他,不久就发现他上物理课无精打采,不记笔记,甚至连书本都不带,上课除了随意说话就是睡觉,作业不交,还经常旷课迟到,第一单元的测试,他只考了36分。

经多方了解得知,该同学家庭条件较好,父母老来得子,视他为掌上明珠,自从上初中以来各科考试几乎就没及格过。我专门和俞同学谈心,通过家访希望家长共同配合。我还仔细观察他,发现他虽然成绩不理想,但喜欢画画，有一定的美术特长。

当时班上办了一份《物理手抄报》，征得他的同意后，我就和班级宣传委员做工作，让他担任美术编辑。当我在班上宣布这个决定时，我亲眼看到他激动得脸颊通红。事后这位同学主动找我说："既然老师和同学们信任我，我一定要把这件事干好！"事实证明，他不仅把物理小报的美编做得很出色，而且物理成绩也慢慢有了起色。当他学习遇到困难时我及时辅导，遇到不顺心的事我便以朋友的身份帮他出主意、想办法。他的物理成绩有进步，我又推荐他为"进步之星"。尽管他成绩时有反复，但我总是耐心地和班主任、家长一道鼓励他。中考时，他物理考了76分，顺利上了一所普通高中。他参加工作后多次到学校看望我，感谢我对他的信任、关心、爱护，逢年过节还时常打来电话。

这件事虽然过去了许多年，但想想心里总有一种说不出的喜悦。我也从中感悟到教育的真谛，教学首先要把育人放在首位，只有满怀爱去关心每一位学生，才称得上真正的教育。

我做过团委书记、政教处干部、副校长，中间有很多次离开讲台的机会，但我始终没有这样做。我爱三尺讲台，我爱孩子，也爱教学。在老家的学校，初一年级还没开物理课时，我主动带过思想品德课。在北京十一学校，最初进行六年一贯制改革实验时，初一年级也没有物理课，我自告奋勇地当了数学老师。1995年夏天，我因为用嗓过度得了声带息肉，医生建议我做激光治疗，但有10%失败的可能，也就是说，手术一旦失败将不能再当老师了，我思考良久，还是选择了保守治疗，因为我害怕离开我钟爱的讲台。

虽然当老师要日复一日地完成备课、上课、批改作业、考试阅卷、辅导学生等许多琐碎工作，特别是带课多时一天下来常常是精疲力竭，但只要我一回到课堂，看到学生从心底露出的笑容和发光的眼神时，我的内心就有一种难以表达的愉悦感和满足感，一切劳累和烦恼都烟消云散。一批批学生因为我的工作，学业取得进步，每年都有学生寄来贺卡、打来电话、发来短信，或专门来看望我，这就是我从最初从事教师工作以来一直拥有的朴素情感，是因为热爱而激发的不竭动力。

不少人跟我说起职业倦怠，讲起工作中的疲惫和困顿，我仔细想想，可能因为我们这代人一直在追赶，一直这样奔跑着过来，很少有时间去考虑教育之外的事情。除了这个客观原因，我觉得满怀爱去关心学生，满怀爱站上三尺讲台，我们大概是从这里出发的。

把平淡教学生活过出精彩

"非淡泊无以明志，非宁静无以致远"，我非常喜欢这句名言。

我从刚参加工作时就养成了提前写教学详案的习惯，备课前深钻教材、学习教参，还汲取杂志上的最新研究成果和好的方法与经验。备课时，既备教材又备学生，既备教法又备学法，既备知识又备实验，既备板书设计也备多媒体辅助教学，教案写好后也总是反复精心修改。

为了保证能够熟知教案，我当新教师时还养成了前一晚锻炼身体时复述教案的习惯，把第二天上课的教学内容和安排熟记于心。

物理是以实验为基础的学科，我深知实验对于学生学好物理的重要性，因此对于每一个实验，不论是演示实验还是学生分组实验，上课前我都要动手试做，最大限度地确保每次实验的成功。

上完课后坚持写教学后记，这些习惯至今我都还保持着。长期教同一内容，为避免形成惰性和思维定式，教材每教一遍均仔细修改上次的教案，而每次修改都是对上一次教案的经验总结和升华，都体现着更高层次的思索、更高目标的追求，使同样的内容常教常新、与时俱进。

现在回想起来，我的教学功底，在长期默默总结积累中逐渐变得扎实深厚，因此我的物理教学也深受学生的喜爱。我的一些话语也被那些可爱的学生们届届相传，甚至编辑成"丁丁语录"放到网络上广为流传。

不断研究学生，教学才能精进

长期的教学实践让我深切体会到不断进行研究和改革的必要性，于是我积极投身于教学改革之中。

我刚参加工作时选择物理研究的重点是物理教学方法的研究，结合目标教学实验，对于每个知识点、每节课、每个单元、每个章节，教师"要教什么，怎么教，如何教效果更好"进行深入研究、系统研究，使我对整个初中物理知识体系的认识有了突飞猛进的提高。

后来，我又选择了初中物理学习方法指导深入研究，因为我发现在当时的教学中，研究教师教法的很多，但对学生学习物理方法的研究却很少，或者说对学生学习方法的指导重视不够。于是，我把初中教材中所有的重点、难点、学生学习的薄弱点，一一作了分析，在教学方法和学习方法的结合上寻找突破口，针对学生"要学什么，怎么学，如何学效果更好"进行深入研究。经过探索，我总结归纳出"激发兴趣、夯实基础、教给方法、提高能力、明确目标、培养毅力"的基本方法，经过实验，学生的物理学习成绩不断提高。

我智商平平，但坚信勤能补拙，我是属于那种一旦目标确定就不达目的誓不罢休的人。

我深信，物理教学既是一门科学，又是一门艺术，而我孜孜不倦追求的是物理教学的科学性和艺术性完美结合的最高境界。教无止境，学无终点，教育这条路，我永远在路上。

（作者系中学物理特级教师，单位系清华大学附属中学）

（本文原载于《人民教育》2016年第17期）

做一个心中有风景的人

张静慧

曾经，不止一次有人问我："你们教来教去都是那几本书，现在闭着眼睛都能上课了吧？有没有觉得无聊啊？"

确实，如果按部就班地上课、批作业，日复一日，年复一年，像驴子拉磨转圈似的周而复始，一定会让人觉得乏味而又疲惫。但是，教育教学本身是非常具有创造性、艺术性的，不仅教学内容和方法是动态的，我们所面对的学生也是有血有肉、有情感的。另外，当我们能适当地调适自己的心理，学会倾听自己内心的声音，学会自我调节、自我释放、自我定位时，就会发现，教学环境可以充满活力，每一天都能不一样。

教师要使课堂充满惊喜

课堂教学，是教师最重要的工作。但上课只是教学工作的冰山一角，大家都能看见，而课前的构思、准备，课后的思考、提升，是冰山下别人看不见的、占很大比例的部分。教师只有在课下付出了努力，才能在课上毫不费力。在教学上精益求精，可以说是永无止境的。听其他老师上课，虽然几乎每节课都是自己已经上过几遍的熟悉内容，相同内容的课也听过不止一次，但我总还会从一些提问、实验设计等环节听出讲课者独具匠心之处。

化学必修1有个重要实验：模拟氯碱工业原理的"电解饱和食盐水"，

并检验实验产物氯气、氢气、氢氧化钠。早些年，由于学校条件有限，我只能在讲台上做演示实验。后来，实验室条件改善了，就有了让学生动手探究的客观条件。按照课本，检验氢气的方法是先用试管收集气体，用拇指摁住试管口，靠近酒精灯，松开手指，能听到"噗"的一声。上课后我发现了新的问题：学生刚上高一，实验操作不熟练，成功的非常少，有时全班一个成功的都没有；集满一试管氢气，需要较长时间，同时也就产生了更多有毒的氯气，尽管有通风与尾气吸收装置，教室里还是有点刺激性气味。我到生物实验室借用了更小号的试管，但并没改善多少。后来，我从公园里孩子们吹的肥皂泡中得到启发，将少量皂液用表面皿盛好，把实验产生的氢气用尖嘴玻璃导管通入皂液，等吹出气泡，用带火星的木条靠近，会发出轻微爆鸣声，就能证明该气体是氢气。学生对此非常感兴趣，而吹出一个气泡比收集满满一试管氢气，节约了许多时间，也减少了氯气的污染。在我对实验改进的过程中，实验员、组里的几位年轻老师也兴致勃勃地一起出谋划策、动手试验。后来，我们还将这个实验进行改进，用到了市里的评优课上。

课堂是我们教师职业生命中最重要的舞台，课堂的45分钟，除了教学生，也是自己的生命经历。所以，教师要懂得享受课堂，而不是把课堂作为既有经验的简单重复。当我们懂得享受上课，就会在课堂中不断发现新的兴奋点，看到新的风景，和学生共同成长，使课堂充满惊喜。

走出自己任教科目的专业界限，和学生来一次精神上的邂逅

任教的科目，是教师与学生课堂对话的主要媒介。但是，我们每个人都是跨学科塑造出来的完整的人，有时不必将自己的精神局限在所教学科这个狭小空间内。在面对这个无限丰富的世界时，完全可以以一个跨学科所造就的完整自我出现。

每教一个高一新班级，第一节课往往会给学生留下深刻印象，所以许多教师都比较重视，我也一样。我曾经准备了许多图片与文字资料，介绍高中化学的基本体系，介绍这门学科的重要性、实用性。后来，我发现自

以为高屋建瓴的介绍，学生并没留下什么印象。有一次，我换了个方法，效果却出乎意料得好。

我先用PPT打出一段文字：

郢人垩慢其鼻端若蝇翼，使匠石斫之。匠石运斤成风，听而斫之，尽垩而鼻不伤，郢人立不失容。宋元君闻之，召匠石曰："尝试为寡人为之。"匠石曰："臣则尝能斫之。虽然，臣之质死久矣。"（《庄子·徐无鬼》）

学生看到化学老师居然给出一段古文，都觉得有点莫名其妙。然后我问学生：看懂这段古文的意思了没有？因为毕竟不是语文课，我也不花时间来逐字逐句翻译，直接打出译文：

郢地有个人鼻尖沾了白垩泥，像蚊蝇的翅膀那样大小，让匠石用斧子给他削掉。匠石挥动斧子呼呼作响，漫不经心地砍削，鼻尖上的白泥完全除去，鼻子却一点也没有受伤，郢人站在那里也若无其事。宋元君听说了这件事，召见匠石说："你为我也这么试试。"匠石说："我确实曾经能够砍削掉鼻尖上的小白点。即使这样，我现在不行了，跟我搭档的伙伴已经死去很久了。"

我问学生，从这段文字中看到了什么。学生有的说匠石的技艺高超，有的说默契的搭档很重要。我说，这就是我给大家看这段文字的原因。学好高中化学，需要我们师生双方的配合。虽然本人没有匠石善斫那般出神入化、挥洒自如，但会认真教学。希望以后我们师生双方能慢慢互相信任、互相配合，在高中三年不留遗憾。然后我再提出关于预习、上课、作业等方面的具体要求。这样总共花了大约10分钟，但给学生留下的印象非常深刻。而且，在以后的教学中，我对学生提出一些比如查资料、归纳总结等软性要求时，来一句"我们要像匠石斫鼻那样互相信任——"，学生接道"互相配合——"，大家会心一笑，气氛十分融洽。

教师要学会接受不完美的事实,给自己的身心松绑

世界不可能是完美的,但人类的伟大之处,就是在一切不完美之中,总能找到自己继续前行的理由。教师都希望自己的每一个学生都出类拔萃,看见学生上课迟到、作业偷工减料,特别有恨铁不成钢之感。但过后想想,学校本身就是允许犯错误的地方,学生也不可能个个热爱学习、求知若渴。学生犯了错误,如果不太严重,我们要指出和批评,但没必要义愤填膺。我们教的班级不可能每次都名列第一,也不可能每项工作都称心如意。如果我们对学生提出过高过严的要求,就可能失去耐心、细心、冷静和理智。所以,有一颗平常之心非常重要。我们要学会接受不完美的事实,对一些想法、观念和行为,学会放手,认真对待过程,淡然面对结果。

学会放手,有的时候是教学方面,有的时候是关于学生的其他事务。

我曾经尽自己所能联系熟悉的企业为学校里的几个贫困学生每月赞助生活费。这件事没有大肆宣扬,但一部分同事是知道的,因为那些贫困学生的信息是他们提供的。有一次,担任班主任的方老师跟我说,他班上有位学生家里有姐弟三个,负担比较重。方老师说,他曾想给这位学生申请学校的贫困生补助,但学生拒绝了,后来他向学生介绍了这个赞助项目,学生也不乐意。他问我,能否悄悄给予赞助,不要让学生本人知道,直接给她父母。我再三考虑,觉得不合适。我向方老师表达了自己的观点:第一,学生有不接受赞助的权利。这位学生家庭经济负担虽重,但还能支撑,不是没有赞助她就要失学了,所以还是尊重她个人意愿。第二,假如悄悄将赞助给她父母,总有一天她会知道,或许会因为父母瞒着她,造成不必要的家庭矛盾。第三,为了保护学生的自尊,我们的赞助项目不会向外宣传,也不求回报,但希望能将爱心传递下去,回报社会。所以,我们一般会在班主任的陪同下和学生本人见个面,要求学生承诺,有时间能做做义工,在他将来有能力的时候,能帮助其他贫困学生。在我的劝说下,方老师放弃了直接给那位学生的父母悄悄提供赞助的想法。

我认识的绝大多数教师都很爱学生,可以说是为学生掏心掏肺,真的

非常感人。不过，师生交往也是人际交往的一种，人际交往中最重要的是保持各自独立的心灵空间。有时，教师不能有"救世主"情结，我们对学生生活的心理介入程度也不要过高。教师情感上的"过度投资"，会使学生觉得丧失了自我隐私的保护能力，学生可能产生压抑感，教师也觉得自己吃力不讨好，师生双方都会备感沮丧。有时，我们要给自己的身心松绑，学会放弃，简单从教。

教师的工作琐碎而繁忙，难免有烦躁的时候，觉得烦琐的工作消磨了自己的理想与激情。我觉得，自我调节非常重要。一方面，我们要着眼于教学中动态变化、生动活泼的一面，寻找一些工作情趣，制造一些快乐元素。另一方面，我们要有意识地兼顾工作与休闲，学会苦中寻乐，不必一直匆匆前行，可以静下心来梳理一下凌乱的思绪，这也是我们重新认识自我的一个契机。

教师的工作平凡普通，但我们灵魂要自由，思考要独立，活得要充实。如果合理安排时间，我们总可以给自己一些自由活动的空隙。例如空闲时，我会看看书，既看教育类书籍，也会看休闲类的小说、散文与时尚杂志。我会泡一壶茶，听听音乐，三五好友相聚。我会每周安排时间锻炼，舞蹈或者瑜伽，散步或者游泳。假期，我会和家人一起出去旅行，拍摄一些美丽的照片，做成相册自娱自乐。我们在成就学生的同时，也要活出自己的精彩。美丽的风景无处不在，我们有理由热爱生命、追求美好，以阳光的心态拥抱智慧人生。

（作者单位系江苏省南菁高级中学）

（本文原载于《人民教育》2016年第17期）

博物明理，格物启智

王 高

1985年9月，刚刚工作不久的我度过了职业生涯中的第一个教师节。在庆祝活动中，老教师们桃李满天下的幸福感和成就感深深地打动了我，感染着我。从那时起，我立志把教书育人作为毕生的追求。如今，我的学生已遍布全国各地，工作在不同的岗位上。我意识到，作为一名教师，最大的幸福就是在成就自我的同时，还培养出了许多的栋梁之材，这一直是我前行的最大动力。

感悟·打开智慧之门

我与物理的缘分，来自一次"包办婚姻"。在高中，我以数学见长，可是高考后被调剂进了物理系。高中生普遍感到物理难学，弄不清基本概念，解不出物理题目，不少人因此而选择文科。物理究竟该怎么学？在大学里我就曾苦苦探求，幸运的是，几位名师为我叩开了物理学的大门。

著名的物理教育家、苏州大学朱正元教授的"物理，物理，以物讲理"的教育思想深深地影响着我，"坛坛罐罐当仪器，拼拼凑凑做实验"的实验思想启发着我；刘炳昇教授的"非常规实验培养学生的探究能力"的实验魅力吸引着我……我深深地认识到，物理不是单一的、理论化的、体系化的书本知识，不是背公式、死做题，于是一个奇妙的物理世界展现在我的面前。

站上讲台后,我仍在寻觅,如何把物理最有价值的东西教给学生?究竟应该培养哪些对学生的终身成长有帮助的素养?

陶行知、陈鹤琴、斯霞等南京本土教育家的教育理念和教改实验为我提供了丰富的营养。从陶行知先生的生活教育理念追溯到杜威的进步主义教育运动,我找寻着生活教育与物理教学的结合点。我逐步树立了从生活化实验出发提高学生科学素养的物理教育理念:注重学生的生活,关照学生的经验和个体差异,充分利用学生身边熟悉的物品开展物理实验,在学生生活世界中进行知识的建构,让学生树立"物理与生活息息相关"的意识,增强对物理的亲近感,产生学好物理的动力。

畅游在教育理论的海洋中,汲取着教育家的教育思想,我不断提高自己的理论素养;聆听着专家们具有深厚学术底蕴的高端讲座,深入了解世界教育改革趋势和中国教育发展前沿,我得到了方向的引领、专业的提升和文化的熏陶。崔允漷、顾泠沅、陶洪三位导师给予我们全面而系统的指导,同行们在互相启发中催生思想,在互动交流中共同成长。

在异国他乡,站在剑桥大学著名的苹果树下,我突然领悟到:物理教学最重要的就是"苹果精神",这个"苹果"启迪了夏娃,砸醒了牛顿,成就了乔布斯,它就是智慧的化身。我意识到,"格物启智"正是物理教学的精髓。

回归·探寻教育本质

2002年,我被评为特级教师。在申评时我上了"平抛运动"一课,随手用学生身边的铅笔、橡皮筋和白纸即兴做了一个"射猴"实验,较好地验证了平抛运动的等时性,给评委们留下了深刻的印象。从那时起,我开始不满足于教学方法的探索,而对课程设置意义和学生成长规律产生了浓厚的兴趣。

实验、物理思想和数学方法是物理学的三大要素,也是物理学习的核心内容。我用"博物明理,格物启智"八个字来概括我对物理教学"教什么"和"怎么教"的理解和追求。物理教育的深远意义就在于启迪人们产生认识客观世界的智慧，用哲学之钥去解自然之谜，改善人类的生活。简言之，物理教学就是要让学生博物明理。格物启智就是以实验为手段，以提高学生智力为核心，用物理学的思想启迪学生的智慧。

在教学实践中，我努力探寻"格物启智"的最佳路径。众所周知，物理学是一门实验科学，重视实验教学是人们的共识，但是如何把实验教学落到实处呢？

为此，我申报了江苏省教育科学"十二五"规划课题——"生活化实验促进学生科学素养提高的实践研究"，开展了大量文献和实验的研究，并主编了《高中物理生活化实验》作为我校学生的校本教材，既解决了实验器材、场地、时间等问题的困扰，又消除了学生对实验的神秘感和敬畏感。针对现实中教师把"做实验"变成了"讲实验"，学生将"做实验"变成"做实验题"的现象，我策划了"别让实验远离了物理教学"专题，约请特级教师和专家，讨论实验教学中面临的问题和解决的途径，希望借此唤醒广大教师回归物理实验教学本真，引领他们在物理教学的理想与现实之间前行。

超越·站到更高之处

2010年我有幸成为"江苏人民教育家培养工程"首批培养对象，我非常珍惜这次机会，不断从中汲取营养，为实现我的理想助力加速。

现行的课堂教学改革就是要超越知识教育，从知识走向智慧，我在教学中始终凸显"以鱼学渔"和"实验出智慧"的理念。如果知识的背后没有方法，知识只能是一种沉重的负担；如果方法的背后没有思想，方法只不过是笨拙的工具。因此我在教学中特别注重凸显和挖掘物理思想方法，授学生以"渔"。在朱正元老师"坛坛罐罐当仪器，拼拼凑凑做实验"思想的影响下，我注重生活化实验的开发与在教学中的应用，将抽象的物理知识形象化，以此培养学生的创新思维，同时回归学生生活，让小实验绽放出大智慧的光芒。

如果说教师最美的成长姿态是一种信念，一种理想，那么教育科研便成为我们最美成长姿态的助推剂。直面现实问题，关注实践改善，提升反思品质，推动行为变革，完善自我发展，为实现自己的教育理想，我不懈追求，向着高处不断前行。

中国既需要教育理论家，也需要实践家，更需要能把实践和理论更好结合的教育思想家。我一直告诫自己，不讲空理论，不做伪实践。我不仅要形成自己独特的教学风格、教学思想，还要使之传播，引领更多的老师在专业成长的道路上前行，带动一批人，教好一代人，为教育教学改革贡献更大的力量。

（作者系南京市中华中学教师发展处主任，
江苏省特级教师、教授级中学高级教师）

（本文原载于《人民教育》2014年第14期）

图书在版编目（CIP）数据

老师，你为什么不再进步了 / 程路编. —上海：华东师范大学出版社，2018
（《人民教育》精品文丛）
ISBN 978-7-5675-8386-3

Ⅰ.①老… Ⅱ.①程… Ⅲ.①师资培养—研究 Ⅳ.① G451.2

中国版本图书馆 CIP 数据核字（2018）第 230011 号

大夏书系·《人民教育》精品文丛

老师，你为什么不再进步了

总 主 编	余慧娟
副总主编	赖配根
本册主编	程 路
策划编辑	李永梅　程晓云
审读编辑	万丽丽
封面设计	奇文云海·设计顾问
出版发行	华东师范大学出版社
社　　址	上海市中山北路 3663 号　邮编　200062
网　　址	www.ecnupress.com.cn
电　　话	021-60821666　行政传真　021-62572105
客服电话	021-62865537
邮购电话	021-62869887　地址　上海市中山北路 3663 号华东师范大学校内先锋路口
网　　店	http://hdsdcbs.tmall.com
印 刷 者	北京密兴印刷有限公司
开　　本	700×1000　16 开
插　　页	1
印　　张	14
字　　数	208 千字
版　　次	2018 年 12 月第一版
印　　次	2023 年 7 月第七次
印　　数	15 101-18 100
书　　号	ISBN 978-7-5675-8386-3/G·11538
定　　价	45.00 元
出 版 人	王　焰

（如发现本版图书有印订质量问题，请寄回本社市场部调换或电话 021-62865537 联系）